당신은 소중한 사람입니다

강창욱

우리 삶을 사랑해주세요.

나머지는 다 따라올 것입니다.

여기까지 참 잘 해오셨습니다.

님께

드림

지금 사랑한다고 말하세요

당신에게 들려주고 싶은
80가지 짧은 이야기

지금
사랑한다고
말하세요

김창옥 지음

수오서재

차 례

2장 숨 쉬는 법

3 장 함께하는 법

4 장 수정하는 법

프롤로그

예의와 친절이 곧 사랑입니다

지금, 사랑한다고 말하세요. 쉽지 않은 청인 줄 알고 있습니다. 하지만 사랑의 표현은 여러 가지입니다. 사랑한다, 좋아한다, 그립다, 보고 싶다가 아닌 “밥 먹었어?”, “춥지는 않아?”, “뭐 더 필요한 거 없어?”도 사랑의 표현입니다. 앉을 때 의자를 빼주거나 기침할 때 따뜻한 물 한 잔을 가져다주거나 식사할 때 수저를 놓아주거나 눈물 흘릴 때 곁에 가만히 앉아 있어 주거나…. 이런 비언어적 사랑의 표현도 존재합니다. 이런 사랑의 표현이라면, 지금이라도 건네볼 용기를 낼 수 있을 것입니다.

사랑은 뜬구름 같습니다. 수증기와도 같아요. 물이 열

을 받아야 수증기가 되듯, 예의를 지키고 친절을 베푸는 따뜻한 열이 있어야 사랑이 수증기처럼 발현됩니다. 사랑한다면 예의를 지키는 것이 기본입니다. 친절함이 사랑을 만듭니다. 다정함이 관계를 지속시킵니다. 때로는 인위적이거나 형식적이라고 생각할 수도 있어요. 부자연스럽게 느낄 수도 있고요.

하지만 자연스러운 불친절보다는 부자연스러운 친절이 더 낫습니다. 익숙한 무례보다는 다소 낯선 예의가 더 낫습니다. 반복되면 사랑이라는 이름의 비가 되어 내립니다. 가족이라서, 친한 친구라서, 오랜 연인이라서, 어차피 안 보면 그만인 사이라서…. 우리는 무례하고 무성의하게 말하고 행동합니다. 조금 더 예의 있게, 조금 더 친절하게, 조금 더 다정하게, 조금 더 존중하며, 그렇게 서로의 곁에 있어 주셨으면 좋겠습니다. 그것이 곧 사랑입니다.

어린 시절 저는 누군가가 저를 정중하고 예의 있게 대해 준 경험이 많지 않았습니다. 인격적으로 대하며 친절을 베푼 기억도 많지 않습니다. 경험하지 못했으니 제 안에 배움이 쌓이지 못했습니다. 그렇다면 저는 어떻게 해야 할까요? 부모를 원망하고, 어른들을 원망해야 할까요? 아닙니다. 이제라도 스승을 찾아 나서면 됩니다. 신은 배우려는 자에게 스승을 보내준다고 했습니다. 그 스승은 우리 주변에 이미 존재하고 있습니다. 우리가 배울 마음이 있으면 보일 것이고, 배울 마음이 없다면 보이지 않을 테지요. 저는 배움을 택했습니다.

사이가 좋아지고 관계가 좋아지려면, 내가 먼저 좋아지는 것이 1번이에요. 내가 건강하고 여유 있을 때, 상대의 마음도 알 힘이 생깁니다. 나를 먼저 알고, 나를 먼저 치유하고, 나를 먼저 아껴주기 위해 저는 오랜 시간 인생 공부를 해왔다고 생각합니다. 숱한 시도가 있었고, 많은 시행착오가 있었습니다. 그 과정에서 얻은 작디작은 깨우침들을 강연으로, 영상으로, 이렇게 책으로 전하며 살고 있습니다.

이 책에는 여러분께 들려드리고 싶은 짧은 이야기를 80가지로 추려 담았습니다. 늘 말씀드리지만 제 이야기는 정답도 아니고 해결책도 아닙니다. 제 이야기 한 귀퉁이에서 단서를 찾아 여러분 삶에 산적해 있는 문제들의 실타래를 풀어나가길 바랄 뿐입니다.

제가 보기에 좋은 말보다 더 중요한 건 느낌인 것 같습니다. 좋은 말은 대부분 잊어버리지만 느낌은 쉽게 사라지지 않거든요. 제 이야기들이 여러분에게 미약하게나마 어떤 느낌으로 남았으면 좋겠습니다.

사람은 하루에 열다섯 번 안아주면 대부분의 정신적인 문제가 녹아버린다고 합니다. 저는 부부세미나를 진행할 때 마지막 세션에 항상 서로를 안아주라고 합니다. 그리고 "살아오느라 애썼다"고 서로를 토닥여주라고 말씀드립니다. 이 또한 사랑의 표현이겠지요. 여러분, 우리가 살아서 서로의 눈을 바라보고 서로의 말을 이해하고 함께 웃는 순간이 얼마나 엄청난 시간인가요? 저는 이제야 비로소 알아가고 있습니다. 더운 날은 반드시 지나가고 선선한 바람결이 느껴지는 가을이 찾아옵니다. 여러분 앞에 이 책을 놓아드립니다. 이 또한 제가 할 수 있는 사랑의 표현입니다.

2024년 여름날,

김창옥

1 장

사는 법

인생을 바꾸는 시도는

화려한 퍼포먼스가 아닙니다.

일상 속 작은 만남에서, 작은 대화부터

나만의 결을 만들어 나가는 것입니다.

행복이 불안한 사람

제가 예전부터 가지고 있던 병이 있습니다. 바로, 언덕을 넘어가면 되는데 그 언덕을 안 넘어가는 병. 저 언덕 너머에 행복이 있다는 것을 아는데 그 언덕을 안 넘어가는 병입니다. 머리로는 아는데, 이제 가슴으로도 조금씩 느끼고 있는데 행동으로까지 옮기기는 쉽지 않습니다. 어떤 사람은 언덕 너머에 행복이 있다는 것을 알면, 그 언덕을 넘기 위해 속도를 내거나 힘을 냅니다. 하지만 제 경우는 저 언덕 너머에 행복이 있을 것 같은데도 이곳에 서서 머뭇거립니다. 머뭇거리다가 돌아서 버립니다.

저처럼, 행복이 어색한 사람이 있습니다. 정확하게 말하면, 행복해질 것 같은 순간이 어색한 것입니다. 여유로워질 것 같은, 괜찮은 컨디션이 될 것 같은, 잠시 쉬었다 가도 될 것 같은, 행운이 찾아온 것 같은 상황이 어색하고 조금은 불안하기도 합니다. 제가 그 병을 앓고 있었어요. 여러분은 어떠신가요. 행복이 있으면 그 행복으로 달려가시나요, 아니면 저처럼 머뭇거리시나요?

저는 삶이 추구하는 것이 '행복'이 아니라고 생각했습니다. 삶은 그저 '열심히 사는 것'이라고 어릴 적부터 체득했거든요. 그런데 많은 이들에게 '삶은 행복하게 사는 것'이라는 말을 듣고 번번이 놀라곤 했습니다.

전 목욕탕을 자주 가는데, 목욕탕을 가는 이유는 '씻기 위함'이었습니다. 얼른 머리 감고, 몸 씻고, 면도하고…. 다 씻으면 서둘러 나옵니다. 그런데 어느 날부터 변화한 저를 발견했습니다. 인지하고 노력함으로써 변화한 것이었습니다. 제가 '사우나'를 하고 있었습니다. 이건 제 인생에서 엄청난 일이 벌어졌다는 신호였습니다. 씻는 행위가 아닌, 사우나를 하기 시작했다는 것. 여유를 받아들이고 어색해하지 않는다는 의미였습니다.

그동안 전 목욕을 일하려고 했습니다. 일은 돈 벌려고 했고요. 돈은 또 쓰려고 벌었습니다. 쓰면서 다시 생각했습니다. '또 일해야 하는구나.' 일하면서 생각했습니다. '일은 언제 끝나지?' 퇴근하면서 생각합니다. '아, 내일도 출근이구나.' 우리는 그렇게 계속 내 삶의 수단과 목적이 뭔지도 모른 채 떠돌아다닙니다. 피곤하면 삶의 소소한 면을 놓치게 됩니다. 삶의 핵심인 '나 자신'도 보이지 않습니다.

하지만 인지하고 노력하다 보니 저도 어느새 삶의 소소한 행복을 누리고 있었습니다. 변화를 느끼는 날부터 목욕탕의 번호키를 사진으로 남기고 있습니다. 1번, 7번, 35번, 46번. 그렇게 차곡차곡 언덕 너머 행복을 향해 걸어가는 저를 기억해두려고요.

여러분도 자신이 이완되는 일을 찾아 정기적으로 해보세요. 짜증나고 우울하고 무기력함이 나를 지배하기 전에 해야 합니다. 반드시 정기적으로요. 나를 살리는 물은 정기적으로 미리 마셔야 합니다. 목마를 때 물을 구하려고 찾아 나서면 그땐 늦습니다. 미리 나만의 저수지를 만들어 놓아야지요. 산책을 하고 운동을 하고, 책을 읽고 좋은 공연을 보고, 그렇게 나만의 저수지를 채워둘 요소들을 찾으세요. 나를 지켜줄 구원자는 어느 날 갑자기 나타나지 않습니다. 내가 그렇게 지킨 것들이 훗날 내가 짜증나고 우울하고 무기력할 때 나를 지켜줍니다.

엔딩을 바꾸기 위해서 해야 할 일

돈 없던 대학생 시절의 일입니다. 지인에게 싸게 구한 스쿠터를 타고 다녔는데 항상 돈이 부족하니 기름을 넣어야 할 때가 다가오면 돈이 얼마나 나갈지 긴장의 연속이었습니다. 당시 다니던 교회에 청년들이 작은 창고를 쓸 수 있었는데, 교회 집사님이 어찌나 친절하신지 창고가 추울까 매번 난로에 기름이 떨어지지 않게 넣어주셨습니다. 당시 저는 저 귀한 기름이 난로가 아니라 제 스쿠터에 들어가야 한다고 생각했습니다.

가난한 시절이라고 변명하고 싶지만, 부끄럽게도 저는 돈을 아끼겠다는 일념 하나로 그 기름을 빼서 제 스쿠터에 넣는 실수를 저지르고야 맙니다. 그때까지도 저는 세상에 기름은 하나인 줄로만 알았습니다. 휘발유를 넣어야 하는데 등유를 넣었으니 스쿠터가 멀쩡할 리 없죠. 스쿠터는 일찍이 수명을 다하게 되었습니다.

물도 그렇습니다. 바닷가에서 수영을 하다 보면 목이 마릅니다. 어마어마한 물속에서 수영하는데도 목이 마르다니 참 희한한 일이지요? 그렇다고 바닷물을 마시는 사람은 없습니다. 바닷물을 마신다고 갈증이 해소되지는 않습니다.

겉으로는 해결될 것처럼 보이지만 결국 탈이 나고 마는 경우가 우리 일상생활에서도 종종 일어납니다. 예를 들어 내 몸은 진정한 휴식을 원하는데 하루 종일 누워 핸드폰만 봅니다. 겉으로는 쉬었다고 할 수 있을지 모르지만 진정 편안한 시간을 보냈다고 할 수 있을까요? 오히려 가벼운 운동이나 산책, 내가 즐겁게 몰입할 수 있는 취미 활동이 더 필요했을지도 모릅니다.

사실은 내면 깊숙한 곳에서 어떤 배움을 원할 수도 있고, 사랑하는 사람과 대화하는 시간이 더 간절할 수도 있고, 음악을 듣거나 영화를 보며 우리 영혼을 씻는 시간이 필요할 수도 있는데, 우리는 당장의 공허함을 달래기 위해 핸드폰으로 무한 재생되는 영상을 보거나 무의미한 쇼핑을 합니다. 하지만 그 무엇도 해결되지 않고 상황도 나아지지 않습니다.

얼렁뚱땅 위기를 모면하려고만 한다면 결국엔 자기 자신만 다치게 된다는 걸 우리는 자주 잊고 사는 것 같습니다. 우리가 행복하지 않은 것은, 뭔가 한이 남은 인생인 것 같은 이유는, 어쩌면 시도하지 않고 변화하지 않으면서 엔딩만 바꾸고 싶어 하기 때문일지도 모릅니다. 휘발유가 필요한 곳에 등유를 넣는 실수를, 다시 해서는 안 되겠지요.

필요할 때에 필요한 만큼

마트 가는 거 좋아하시나요? 저는 특히 천장이 높은 창고형 마트에 가는 걸 좋아합니다. 대용량의 상품들을 싼값에 살 수 있으니 가성비가 좋아 종종 찾게 됩니다. 큼직한 카트를 끌고 다니면서 하나둘 담다 보면 늘 카트가 넘쳐흐르기 직전입니다. 치약도 두 개 정도가 필요한 건데 열 개를 사게 되고요, 빵도 서너 개 정도만 먹고 싶었던 건데 한 박스를 사게 됩니다. 묶음으로 사야 싸니까 당장 필요하지 않더라도 구매하는 거죠. 그렇게 집에 돌아와 찬장을 열어보면 참치캔, 스팸, 햇반은 1년 넘게 먹을 정도로 꽉 차 있고, 창고에도 휴지며 치약이며 세제며 가득 쌓여 있습니다. 냉장고에도 이미 몇 주는 장을 보지 않아도 될 만큼의 음식이 있죠. 겨우 사이사이 비집고 음식을 넣어두고는 까먹는 일이 비일비재합니다. 필요할 것 같은 걸 필요 이상으로 사버린 것이죠.

저 어렸을 적 생각을 해보면 그때는 필요할 때 필요한 만큼만 샀습니다. "창옥아, 두부 한 모 사 와." 엄마가 심부름을 시키면 딱 두부 한 모만 사 갔고요, "창옥아, 번개탄 다섯 개만 사 와라" 하면 딱 다섯 개만 사 갔습니다. 열 개, 스무 개씩 쟁여두지 않았습니다. 그때그때 필요한 만큼만 샀죠.

필요할 때에 필요한 만큼. 물건에만 해당하는 말은 아닙니다. 우리는 많은 생각과 감정을 미리 가져와 그 무게에 힘들어합니다. 경제적, 정서적, 사회적으로 안정되지 않았을 때는 특히 더 그렇습니다. 저는 어린 시절 마치 미어캣처럼 자랐습니다. 싸움이 잦은 부모 밑에서 언제 어떤 위험이 닥칠지 모른다는 위기감이 늘 저를 감쌌습니다. 그래서 고개를 길게 빼고 좌우를 살피며 경계 태세를 갖추는 미어캣처럼 미리 최악의 상황을 대비했습니다. 근심, 염려, 불안, 두려움 등등, 제 마음의 창고에는 지금 당장 필요하지 않은 감정들이 서서히 쌓여갔고 이내 저를 짓눌렀습니다. 상대적으로 안정적인 유년 시절을 보낸 사람은 감정을 쌓아두지 않는 경향이 있습니다. 저는 미리 슬퍼하고, 미리 걱정하는 데 반해 그들은 지금 순간 느껴지는 감정에 충실하더군요.

언젠가부터 제 안 깊은 창고에 있던 감정들에 먼지가 쌓이고 결국엔 상하고, 기어이 창고 자체를 통째로 들어내 버려버리고 싶다는 생각까지 들었습니다. 극단적으로 이번 생은 글렀다는 마음가짐이 되고 마는 거죠. 그러니 여러분도 지금 딱 필요한 만큼만 화를 내고, 필요한 만큼만 절망했으면 좋겠습니다. 필요한 만큼만 기대하고, 필요한 만큼만 기뻐하면 좋겠습니다.

긴 무기력과 우울을 지나오며 마음 창고에 너무 많은 감정과 생각이 자리하고 있음을 알게 되었습니다. 그중 대부분은 불필요한 것들이었습니다. '그 일이 잘 안 풀리면 어떡하지?', '저 사람이 나를 싫어하는 게 아닐까?' 3년, 5년, 아니 1년만 지나도 기억나지 않을 고민들이 갈수록 늘어났습니다. 제대로 꺼내서 마주하지 않으니 그 형체는 점점 기이하게 커져만 갔습니다. 내 안에 어떤 감정들이 있는지 자주 꺼내보고, 불필요한 건 비우고, 여유 공간을 확보하고,

지금 필요한 만큼만 느끼는 연습을 하십시오.

필요한 물건은 언제든 나중에 살 수 있듯이, 지금 나에게 필요한 만큼의 감정만 담으시길 바랍니다. 예를 들어 '2 정도만 실망해도 될 일을 5 정도나 실망하고 있는 건 아닐까?' 스스로 되물어보는 겁니다. 모든 생각과 감정에는 나의 시간과 공간이 할애됩니다. 내 시간과 공간을 내줄 만큼의 가치가 있는 일인지 먼저 파악해보면 쉽게 답이 나옵니다. 필요한 만큼만 걱정하고 필요한 만큼만 불안해하고 필요한 만큼만 슬퍼하십시오. '필요할 때에 필요한 만큼'을 기억하시고요.

내가 가장 만나고 싶은 사람

지금 신이 단 한 사람을 만나게 허락해준다면, 저는 그 누구도 아닌 20대의 김창옥을 만나고 싶습니다. 제주도에서 교통비 달랑 들고 서울로 올라와 실력 있고 경제적으로도 여유로운 동기들을 보면서 불안해하고 열등감에 빠져 있던 김창옥을, 어떻게 말하고 행동해야 할지 몰라 안절부절못했던 그때의 김창옥을 한번 만나보고 싶습니다.

그 친구를 만난다면 '인생 이렇게 살아라, 저렇게 살아라. 네 삶은 앞으로 이렇게 펼쳐질 거야' 이런 말을 하고 싶지는 않습니다. 그냥 그 친구를 만나고 싶어요. 열등감 때문에 전역하고도 해병대 군복을 입고 학교에 다니던, 위축

된 내면을 숨기기 위해 과장된 외형으로 무장한 가여운 그 친구를. 그 친구에게 밥을 좀 사주고 싶고, 그 친구가 밥 먹는 모습을 가만히 지켜보고 싶어요. 그렇게 그 친구를 바라보는 저를 다시 보고 싶습니다.

어린 제 삶은 뭔가 늘 복잡하게 얽히고설켜 있고, 사랑할 여유도 없이 하루하루가 불안했습니다. 애써서 여기까지 왔는데 와보니 더 큰 산이 놓여 있던, 한없이 고단한 시절이었습니다. 객관적으로 봐도 한참 뒤떨어져 있는데, 인정하기는 싫고 지기도 싫고 자존심만 센, 불안정하고 때로는 위험한 사람이었습니다. 돌아보면 부끄럽기만 했던 그 시절의 저에게 처음으로 애정이 생겼습니다. 그 시절의 나를 보고 싶다는 것은 나의 20대도 수용하지만, 이렇게 변화한 지금의 50대도 수용하고 싶다는 의미입니다.

오랜 시간 저는 제 모습이 수용이 안 됐습니다. 유튜브에 올려둔 제 강연이 600편이 훌쩍 넘는데 저는 제 강연을 잘 보지 못합니다. 마음에 안 들기 때문입니다. 제가 세워둔 기준에 닿지 않고, 제 성에 차지 않아서 보지 못합니다. 나의 20대는 방황을 많이 해서 마음에 안 들고, 나의 30대는 여전히 부족해서 마음에 안 들고, 나의 40대는 열심히 살기만 하는 게 못나 보여서 마음에 안 들고….

원하고 바라는 게 명확할수록 수용할 수 없는 내 모습이 많아집니다. 그러고 보니 예전에 입던 옷들이 너무 다 타이트하다는 걸 새삼 깨달았습니다. 저는 그간 모든 옷을 수선해서 입었거든요. 소매 길이, 몸통 둘레, 바지 길이…. 완벽한 사람도 아닌데 완벽해 보이고 싶어서, 그런 강박으로 몸에 옷을 딱 맞춰 입었어요. 이제는 좀 넉넉하고 만만한 옷을 사야겠다 생각했습니다.

여러분, 만약에 저처럼 너무 타이트하게 인생을 사셨다면, 자신을 빈틈없이 몰아붙였다면, 우리가 원하든 원하지 않든 그런 환경에서 살았다면, 조금씩 도망갈 구멍도 내주고, 만만한 내 모습도 수용해줬으면 좋겠습니다. 그렇게 나의 부끄러운 모습, 창피한 모습, 불완전한 모습을 받아들이고 아껴줄 마음이 생기셨으면 좋겠습니다.

까짓, 조금 만만해 보이면 어때

"형, 이번에도 싹 고칠 거지?"

얼마 전 제 마음에 쏙 드는 중고차를 하나 샀습니다. 450만 원이 좀 안 되는 가격을 주고 샀는데 말도 못 하게 상태가 낡았습니다. 어느 지방 봉사 단체에서 쓴 차였는지 차 옆에 '천사 봉사단'이라는 스티커가 붙어 있어 조심히 떼어냈더니 글자 모양 그대로 자국이 남아버렸습니다. 전체 도색을 하는 데에 400만 원이 넘게 든다고 하는데, 배보다 배꼽이 커지는 상황이 된 거죠. 실내도 수리할 부분이 한두 군데가 아니었습니다. 앞좌석과 뒷좌석 시트는 마치 야생곰이 차를 발견하고는 작정하고 다 뜯어놓은 것처럼 엉망이었습니다. 친한 동생은 차 상태를 보더니 제가 당연히 싹 고칠 거라 생각하고 물었습니다.

예전의 저였다면 얼마가 들든 모두 뜯어고쳤을 겁니다. 부끄럽지만 중고 오토바이를 500만 원에 사고 1,000만 원에 고쳐본 적도 있습니다. 하지만 이번엔 오래된 자국이 남아 있고 낡아빠진 자동차를 그냥 써보고 싶었습니다. 도색도 하지 않고, 시트도 그대로 두고요. 운행하는 데 이상이 없다면, 세차 열심히 하고 타면 된다는 마음의 여유가 저에게도 생긴 것입니다. 흠집도 상처도 많은, 완벽하지 않은 이 '만만한' 자동차가 만만하기 때문에 좋았습니다. 저는 동생에게 대답했습니다.

"이번에는 그냥 타려고. 만만해서 편하네. 녹슬어도 괜찮고, 스티커 자국도 테이프로 붙이려고. 그냥 이렇게…."

만약 "50대가 되어서 좋은 점이 있나요?"라고 누군가 묻는다면 준비된 답변이 있습니다. "경제적으로 여유로워져서 좋아요"도, "일에 연륜이 쌓여서 좋아요"도 아닙니다. 제 대답은 "만만해져도 돼서 좋아요"입니다. 20대부터 40대까지는 아무에게도 만만하게 보이지 않기 위해서, 무시당하지 않기 위해서 아득바득 살았습니다. 하지만 50대가 된 지금은 '좀 만만해 보이면 어때!'라는 마음가짐이 되었고 그 어느 시기의 제 모습보다 편안함을 느낍니다.

여러분은 모르시겠지만, 이런 변화는 제 인생에 일어난 놀라운 하나의 '사건'입니다. 그전엔 누군가 저를 만만하게 대하면 너무 화가 났습니다. 강연에 대해 부정적인 코멘트를 받으면 화가 나고, 저를 무시하고 업신여기는 듯한 눈길 한번에도 화가 났습니다. '내가 만만하냐?', '내가 우스워?' 이런 생각이 불쑥불쑥 올라왔습니다. 나의 힘, 나의 장점, 나의 가치가 무시당하는 것 같았기 때문입니다. 하지만 내가 나의 가치를 알아봐주고, 내가 나의 장점을 기억하고, 내가 나의 힘을 신뢰한다면 상대가 나를 어떻게 바라보는지는 그리 중요한 문제가 되지 않는다는 걸 이제는 압니다.

이제 조금은 만만해지고 싶습니다. '그래, 조금 부족하면 어때. 자국이 남았으면 테이프로 가리면 되지. 이것도 멋이야. 좀 녹슬면 어때. 돌가루 튄 자국이 있으면 어때. 세월의 흔적이 남았을 뿐이야. 굴러가는 데 심각한 문제 없으면 차도 만만하게 타고 다니면서 나도 좀 만만한 사람이 되는 거야….'

행복과 만족의 길은 채울 때가 아니라 비울 때 열린다는 것을 아는 그런 나이가 되었나 봅니다.

내 일의 가치를 어디에 두고 있나요?

우리가 신분사회를 사는 것도 아닌데, 한국은 아직도 '신분'이 무엇보다 중요한 것 같습니다. "나 새로운 사람 만나"라고 이야기하면 대부분 이런 질문이 자동으로 따라오죠.

"뭐 하는 사람이야?"

이 질문에는 많은 것이 함축되어 있습니다. 직장은 다들 알 만한 곳에 다니는지, 연봉은 어떻게 되는지, 학업은 어느 정도까지 마쳤는지, 사회적 위치가 어느 정도인지 등 그 사람을 증명할 수 있는 것이 무엇인지 궁금해합니다.

저는 스스로에게 '나는 대체 뭐 하는 사람이지?'라고

물어보던 시기가 있었습니다. 막 강연을 시작하던 초반에는 사무실도 없었고 일하는 시간도 불규칙했습니다. 개인 핸드폰으로 연락이 오면 강연을 잡고, 연락이 오지 않으면 하루 종일 핸드폰만 바라봤어요. 매일 정해진 출근복을 입는 것도 아니고, 정해진 출퇴근 시간도 없으니 '내가 지금 무슨 일을 하고 있는 거지?' 의문이 따라왔습니다.

강연을 계속하면서도 질문은 이어졌습니다. 심리학을 전공하지도 않았고, 종교 지도자도 아니고, 강연자 자격증이 따로 있는 것도 아니었습니다. 그래서 늘 저의 전문성을 스스로 의심했습니다. 불안했어요. '왜 사람들이 내 강연을 들으러 오는 걸까? 내가 뭐라고', '내 직업을 도대체 뭐라고 설명해야 하지?' 같은 의구심이 저를 더욱 흔들었습니다.

이러한 의문에서 점차 벗어날 수 있었던 건 질문의 대상을 정반대로 바꾸면서부터였습니다. '너는 강연을 들으러 오는 사람들을 뭐라고 생각해?'라고 역으로 저에게 물어보았습니다. '사람들을 어떻게 대하고 있니? 네 손님이야, 고객이야, 친구야, 섬겨야 할 대상이야?'라고요.

만약 강연을 들으러 오는 사람을 고객이라고 생각한다면 저는 장사하는 사람일 것입니다. 하지만 제가 가진 것을 사람들에게 팔고 있다는 느낌은 아니었습니다. 혹은 어려운 손님을 모시듯 극진하게 대접하는 느낌도 아니었습니다. 이 질문에 저는 빠르게 답할 수 있었습니다. 저는 강연을 듣기 위해 오는 분들을 '가까운 이웃' 또는 '친한 친척'으로 여기고 있었습니다. 애정 어린 시선으로 바라보고, 살아가며 생기는 여러 슬픔과 기쁨을 나누는, 하지만 또 너무 간섭하지는 않는 적당한 거리를 둔 사이라고 느꼈습니다.

내가 어떤 학위가 있는지, 어느 학교를 나왔는지, 어디 출신이지, 어느 분야에 정통한지는 중요한 게 아니었습니다. 본질은 나와 마주하고 있는 사람을 누구라고 생각하느냐에 있었습니다. 스스로 답을 내린 후 묵은 체증이 가신 듯 후련해졌습니다.

내가 하는 일이 사람들에게 어떻게 비춰질지 얽매이지 않았으면 좋겠습니다. 대신 내가 이 일을 어떻게 바라보고 있는지에 대해 자주 생각하고 들여다보세요. 사람들이 세운 기준이나 이름이 아닌, 나의 가치로 정의하시길 바랍니다. 일의 가치가 돈에 있는지, 사람에 있는지, 보람에 있는지, 자유에 있는지를요.

저 역시 계속해서 질문을 던지고 있습니다. 그리고 그 답변이 변하기도 합니다. 정답은 없습니다. 여기서 유념해야 할 점은 자신을 성찰하되 검열하지 않는 것입니다. 스스로를 비난하거나 타인과 비교하지 마세요. '내가 진짜 원하는 일은 뭐지?', '내가 나아가고 싶은 방향은 어디지?' 자신의 마음에 중심을 두고 질문하세요. 가장 나다운 나와 마주할 때, 그 안에 답이 있습니다.

귀를 기울여야 알 수 있는 것들

몇 년 전 프랑스에 며칠 머물렀던 적이 있습니다. 간단한 불어를 공부하고 갔지만 역시 들리는 건 인사말 정도밖에 없더군요. 예상은 했지만 하나도 알아듣지 못했습니다. 대충 주변 사람들이 웃으면 따라 웃고, 손짓 발짓 섞어가며 물어보고, 말하는 사람의 의도를 때려 맞추는 식이었습니다. 상대방 말을 파악하기 위해 집중하다 보니 어느새 미간은 찡그러지고 눈알을 좌우로 굴리기 바빴습니다. 스스로를 되게 재밌고 잘 웃는 사람이라 자부했는데 이곳에선 웃음이 싹 사라졌습니다. 누군가를 말로 웃길 수도 없고 누군가의 말에 웃을 수도 없었습니다. 답답했어요. 그리고 그때 아버지가 생각났습니다.

저는 아버지가 웃는 모습을 거의 본 적이 없습니다. 궁금해하지도 않았어요. '왜 이렇게 아버지는 웃음도 없고 재미도 없을까?' 생각하지 않았습니다. 웃지 않는 아버지가 당연한 모습이었으니까요. 청각장애를 갖고 있던 아버지는 텔레비전으로 레슬링 경기를 자주 보셨습니다. 소리가 들리지 않아도 볼 수 있던, 몇 안 되는 프로그램이었습니다. 적막 속에서 텔레비전을 바라보던 아버지 모습이 기억납니다. 아버지는 늘 찡그리고 불만 가득한 얼굴이었어요. 그때 저는 아버지가 고약한 사람이어서 웃지 않는다고 생각했습니다. 실은 아버지도 웃고 싶었지만 웃을 수 없었던 거구나, 웃고 싶지만 웃을 기회도 방법도 찾지 못했겠구나, 뒤늦게 낯선 나라 속 이방인이 되어서야 알아차렸습니다.

야구 경기에서 투수가 공을 던지고 그 공을 타자가 치면 수비수들이 공을 잡으러 전력을 다해 뛰죠. 그때 선수들은 공을 보고 달리는 게 아니라 소리를 먼저 듣고 공을 본다고 합니다. 야구 배트에 공이 맞는 소리에 따라 자신이 달릴 자리를, 달릴 속도를 조절하는 거예요. 깡! 하고 맞으면 멀리 나갔구나, 띵! 하고 맞으면 옆으로 빠졌겠구나 파악합니다. 자신의 자리를 정확하게 파악하기 위해서 주변의 모든 상황을 듣고 바라봅니다. 이건 야구에만 해당되는 건 아니겠죠.

아버지는 공을 던질 때, 공을 칠 때, 그리고 공을 잡으러 가야 할 때 아무 소리도 듣지 못했습니다. 소리가 들리지 않는다는 건 경기장 한가운데에 멈춰 서서 갈팡질팡하는 것과 같았을 거예요. 미래를 어떻게 준비해야 할지, 어떤 일을 할 수 있을지, 자식들과 어떤 관계를 맺어야 할지, 배우자와 어떻게 살아야 하는지, 사방을 두루 살피며 여기저기 떨어지는 공들을 받아칠 겨를이 없었습니다. 어디서 어떤 소리가 들려오는지 몰랐으니까요. 그러니 손짓 발짓으로라도 일상을 공유하며 잠시 웃어보는 시간이 아버지에겐 아득하게 불가능한 일이었을지 모릅니다.

저희 아버지처럼 청각에 문제가 있어 소리가 들리지 않아 삶의 자리를 찾는 데 어려움을 겪는 사람도 있지만, 소리를 분별할 수 있음에도 불구하고 자꾸 공을 놓치거나 공의 위치를 알아채지 못하는 사람이 있습니다. 즉, 주변에서 일어나는 일들에 귀를 기울이지 않는 사람입니다. 귀를 기울여야 내가 가야 할 곳이 보여요. 상대방의 말을 주의 깊게 들었을 때 내가 진정으로 해야 할 일이 떠오릅니다. 그러니 아무것도 듣지 않고, 아무것도 보지 않는 자세를 가장 경계해야 합니다. 작은 소리, 사소한 표정, 소소한 변화들에 눈과 귀를 활짝 열어두는 연습을 시작하세요.

가족과 친구, 주변 이웃들과 캐치볼을 주고받듯이 소통하세요. 캐치볼은 몸을 푸는 과정입니다. 몸을 풀지 않고는 제대로 나아갈 수 없어요. 대단치 않은 이야기라도, 시시껄렁한 농담이라도 일단 던져보는 겁니다. 그러다 작게 웃음이 새어 나올 때, 그때부터 더 깊은 소통이 시작됩니다.

인생을 바꾸는 시도는 화려한 퍼포먼스가 아닙니다. 일상 속 작은 만남에서, 작은 대화부터 나만의 결을 만들어 나가는 것입니다.

멀리 보는 연습

얼마 전 귀 수술을 했습니다. 중이염이라고 귀 안에 물이 차는 증상이 반복됐어요. 고막 안쪽으로 물이 차는데 이 물이 밖으로 빠져나가지 못하니까 귀 안에서 소리가 울리며 밖의 소리가 잘 들리지 않았습니다. 몸이 피곤할 때면 증상이 더욱 심해져서 수술을 결심하게 되었습니다. 청각장애가 있던 아버지를 유독 닮았구나, 생각이 들면서도 왜 나에게 이런 일이 일어나는지 억울한 마음이 일었습니다. '나는 담배도 피지 않고, 술도 먹지 않는데. 운동도 열심히 하고, 일에도 최선을 다하며 살고 있는데 정말 하늘도 무심하다'며 애꿎은 하늘만 탓했습니다.

수술 전 검사를 하기 위해 병원을 열 번도 넘게 오고 가며 마음이 많이 약해졌습니다. 수술이 잘될까, 내가 왜 이렇게 됐을까, 더 악화되는 건 아닐까, 이러다 아버지처럼 영영 듣지 못하게 되면 어떡하지, 같은 두려움에 잠을 설치는 날들이 이어졌습니다.

수술 날 당일, 오전 11시 수술이었지만 안내받은 7시까지 병원에 도착하기 위해 새벽 5시 반부터 집을 나섰습니다. 차가운 공기가 저를 더 초조하게 만들었어요. 병원에 도착하니 아직 어둑한 밖과는 다르게 병원 내부의 불빛은 눈부시게 밝았고 사람들은 바쁘게 오가고 있었습니다. 접수를 해야 하는지, 진료실로 먼저 가야 하는지, 입원실로 가야 하는지 병원이 너무 복잡하다 보니 잠시 이러지도 저러지도 못하고 헤매고 있었습니다. 그러다 접수 창구로 보이는 곳으로 가 수술을 하러 왔는데 어디로 가야 하는지 물었습니다. 창구 직원은 너무도 어처구니없다는 표정을 하고서는 "무슨 수술이요?" 하고 되물었습니다. 그의 태도에 조금 당황했지만 다시 상황을 설명했습니다. 그는 잠깐의 침묵 후 귀찮은 듯이 이곳은 수납 창구이니 수술을 받으려면 다른 곳으로 가라고 위치를 알려주었습니다.

알려준 장소로 가는 내내 그의 비꼬는 듯한 표정과 말투가 잊히지 않았습니다. '내가 그렇게 못 물어볼 걸 물어본 건가? 그냥 알려주면 되는 거 아닌가? 지금 나 무시한 거지?' 화가 스멀스멀 올라오더군요. 겨우 마음을 가라앉히고 담당 의사 선생님을 만났습니다. 선생님은 제가 긴장할까 봐 농담도 던지고, 제 강연을 봤다며 후기도 들려주었습니다. "두 시간이면 끝나니까 너무 걱정하지 마세요. 결과가 좋게 나올 수 있도록 저도 최선을 다할게요"라고 따뜻하게 웃으며 저를 안심시켜주었습니다. 방금 전의 언짢았던 상황에 대한 불쾌함이 스르르 녹아 사라지고 의사 선생님에게 저의 모든 걸 맡겨도 괜찮겠다는 마음까지 들었습니다.

그렇게 양극의 두 사람을 만나고 수술장으로 향하며 내가 정말 약해져 있는 상황이구나 깨닫고 조금 부끄러워졌습니다. 인간은 살다가 힘든 날, 창피한 날, 무서운 날이 오면 상황을 확대하고, 소리도 확대하고, 눈으로 보는 것도 확대해 뇌에 각인시킨다고 합니다. 저는 신체적으로도 감정적으로도 약해져 있던 상황이니 조그만 친절에도, 조그만 냉소에도 크게 반응한 것이죠. 똑같은 상황에 제가 만약 안정적이고 여유로운 상태였다면 과하게 화가 나거나 지나치게 감동받지도 않았을 거예요. 우리는 각자가 가지고 있는 마음의 확대경으로 세상을 보기 때문입니다. 무언가를 확대해서 볼 때는 오히려 바로 옆에 있는 것도 제대로 볼 수 없습니다.

만약 지금 어떤 감정에 빠져 있다면 내가 그 상황을 너무 확대해서 보고 있는 건 아닌지 의심해봐야 합니다. 내가 어제 잠을 조금밖에 못 자서, 저녁을 대충 때워서, 내일 있을 발표로 긴장돼서, 건강검진 결과가 걱정돼서 평범하게 지나칠 수 있는 상황도 확대 해석하고 있는지 모릅니다.

그러니 자신이 외적으로 혹은 내적으로 약해져 있다고 느낄 때는 확대경에서 눈을 떼고 의식적으로 멀리 보는 연습이 필요합니다. '지금 이 감정은 한 시간만 지나도 가라앉을 거야. 잠시 산책한 후에 다시 생각해보자', '한숨 자고 일어나도 여전히 이 감정 때문에 힘들다면 그때 다른 방법을 찾아보자' 하고 말이죠. 확대경에서 눈을 떼는 것만으로 해결되는 일들이 꽤 많습니다.

오직 당신의 이름으로

유난히 사연 많은 사람이 있습니다. 반면 굉장히 순둥순둥 사는 사람도 있습니다. 부모님 사이도 좋고, 사랑과 관심받으며 자라, 대학 졸업해 결혼해서 큰돈 버는 건 아니지만 직장 생활하고, 크게 불편한 것 없이 애도 한둘 낳고…. 대단한 돈과 명예가 있는 건 아니지만 특별히 고난이 있는 것도 아닌, 그렇게 순둥순둥 사는 사람을 보면 참 복이 많다는 생각이 듭니다.

만약 저에게 '다음 생에 엄청난 고난과 실패, 배신과 절망, 이런 걸 겪고 깊은 영혼의 소유자가 될래, 아니면 순둥순둥 적당히 살래?'라고 묻는다면 영혼이 깊지 않아도 되니, 그냥 무난한 삶을 택하겠습니다. 낙엽 지면 아름답고, 꽃 피면 그저 예뻐서 좋은, 그런 삶을 택하겠습니다.

그런데 이번 생은 저에게 그렇지 않았습니다. 유년기부터 아버지가 돌아가실 때까지 부모님은 평생 사이가 안 좋으셨습니다. 다행히 저와 아버지 사이의 숙제는 돌아가시기 전에 조금 풀리긴 했습니다. 아버지께서 인공와우 수술을 하고, 제게 미안하다는 말씀도 해주시고, 여러 계기로 관계를 조금은 회복할 수 있었습니다. 한 15년 전쯤에는 아버지에 대한 결핍과 갈급함이 저를 엄청나게 괴롭혔습니다. 그때는 '아버지'라는 말만 들어도 감정이 휘몰아쳐서 블랙홀로 빨려 들어갔습니다. 그냥 온몸에 힘이 쭉 빠지는 것 같았습니다.

자라면서 이런 생각도 종종 해봤습니다. 차라리 아버지와 어머니가 따로 사셨다면, 형제들도 반반 헤어져 살았다면 어땠을까 하고요. 그러면 사회적으로 인정하는 완전한 가정에 대한 결핍은 있었겠지만 그래도 나름대로 대화도 하고 재미도 챙기며 살았을 텐데 저희 집은 다 같이 모여 살면서 계속 싸웠습니다. 아득바득 뭉쳐 살면서 서로를 물어뜯고 비난했습니다. 문제의 중심에 계셨던 아버지는 변할 여지가 없으셨고, 저의 유년기, 청소년기는 절망적이었습니다. 머릿속에서 이런 생각도 들었습니다. '이건 아버지가 죽어야 끝난다.' 그런 생각을 하다가 '이 미친놈이 무슨 생각을 하고 있는 거지?' 화들짝 놀라며 자책했습니다.

저는 누구와 사느냐는 별 문제가 되지 않는다고 생각합니다. 한부모와 살든, 조부모와 살든, 보호자 누구와 살든 근본적인 문제는 아닙니다. '어떤 관계'로 지내냐가 더 본질적인 일입니다. 내가 어떤 환경과 상황에 놓였다 해도 '관계'에서 문제의 실마리를 풀어야 합니다. 하지만 저는 그걸 몰랐습니다. 환경과 상황을 전부로 여긴 거지요. 내 열등감이야, 내 상처야, 내 감춰야 할 치부야, 하면서 저를 그 환경과 상황에 동일시해버렸습니다.

헨리 나우웬은 영성가이자 하버드와 예일대 신학교 교수였습니다. 어느 날 그에게 우울증이 찾아왔습니다. 사람들에게 희망을 주는 강연을 하던 그가 정작 자신은 돌보지 못한 것이지요. 친구의 권유로 캐나다의 한 발달장애인 공동체 라르쉬 데이브레이크를 가게 되었습니다. 처음 방문했을 때 그곳의 발달장애인들이 그에게 물었습니다.

"당신은 누구입니까?"

"저는 하버드대 교수 헨리 나우웬입니다."

"하버드가 뭔데요?"

그는 충격에 빠졌습니다. 지금까지 이런 질문을 받아본 적이 없었거든요. 우리는 때론 가면을 쓰고 그것이 자신이라고 생각하며 안정감을 느낍니다. '내 학력이 나야, 내 직장이 나야, 내가 입는 옷과 내가 타는 차가 나야, 나는 이름 얘기하면 알 만한 대기업에 다녀.'

근데 이 사람들은 몰라주거든요. 하버드 대학 교수라고 하면 알아줘야 하는데, 이 사람들은 몰라준 거예요. 그때 헨리 나우웬이 이렇게 말해요.

"스쳐 가면서라도 내 이름을 들어보았다든지, 눈곱만큼이나마 내게서 감동을 받아본 적 없는 이들로부터 이미 수없이 많은 포옹과 입맞춤을 받아온 터라, 이들이 베푸는 사랑은 값없이 주어지는 사랑이며 서슴없이 받아들여야 할 사랑이라고 믿지 않을 도리가 없었습니다."

그리고 그는 마지막으로 이렇게 말합니다.

"이들은 신의 원초적이고 순수한 사랑으로 나를 대하고 있었습니다. 오직 나의 이름, 헨리로."

이 말을 듣는 순간 저 또한 해방되었습니다. '오직 너의 이름으로.' 사람들이 "당신 정말 대단합니다" 말해준다고 영혼의 목마름이 해결되지 않아요. 사람들이 "너 정말 힘들었구나" 위로한다고 영혼의 상처가 치유되지 않아요. 신은 인간을 포트폴리오나 프로필이나 커리어나 영향력으로 대하지 않습니다. 상처로, 트라우마로, 아픔으로 대하지도 않습니다. 오직 그의 이름으로 대합니다. 저는 비로소 알았습니다. '나는 나의 환경과 상황이 아니다. 나는 나의 절망스러운 사연이 아니다.' 나를 나로 대해줄 때, 당신을 당신 자신으로 대해줄 때 비로소 자유로워집니다.

내가 내 삶을 속이는 중이라면…

너무 잘하려고 하지 않았으면 합니다. 그리고 모두 같은 때를 목표로 살지 않았으면 합니다. 우리는 모두 각자 자신만의 때가 있는 것이지, 절대적인 때가 있는 것이 아니에요. 누구는 서른에 결혼할 수 있고 누구는 쉰에 할 수 있습니다. 누구는 결혼을 안 할 수도 있고, 이혼을 할 수도 있습니다. 아이를 낳을 수도, 아이를 낳지 않을 수도 있습니다. 때를 억지로 앞당기려 하면 일이 틀어집니다. 그러니 우리 모두 자신의 때를 살았으면 좋겠습니다. 우리의 때를 인정하는 것과, 잘하지 않더라도 괜찮다는 느낌을 받는 것이 중요합니다. 사람이 늘 잘할 수는 없습니다.

어렸을 적에 이런 말을 좀 듣고 컸다면 참 좋았을 텐데요. 왜 어렸을 적에는 그렇게 '잘해라, 열심히 해라' 그런 말만 들었을까요? 그러니 열심히 살고, 일이 잘되어도 삶에 여유가 없습니다. 사업이 커질수록 해결할 문제는 많아지고, 부모가 되니 삶이 무겁고, 이번 일만 끝나면, 애들만 대학 가면, 대체 우리 인생은 언제 완성되어 살아갈 수 있는 걸까요? 하나의 닫힌 문을 열면, 안에 열 개의 닫힌 문이 있다고 합니다. 그러니 제발 '이 단계만 지나면 내 인생을 살 거야. 이 문제만 해결하면 자유로워질 거야'라고 생각하지 마십시오. 삶을 계속 속이는 것입니다.

우리는 언제 삶을 살아야 할까요? **문제와 함께 살아야 합니다. 해결해야 할 문제가 있는 그 상황에서 삶을 살도록 해야 합니다. 그렇지 않으면 계속 삶을 미루게 됩니다.**

지금 여기를 사는 기술을 소개하겠습니다. 산책을 가거든 걷기만 해보세요. 심지어 핸드폰도 꺼버리세요. 차를 마시거든 차만 마셔보세요. 차를 마시면서 가만히 음미하는 사람이 별로 없습니다. 말을 하거나 근심을 합니다. 차를 마실 때 생각을 하면 차를 마신 것이 아니라 생각을 마신 거라고 합니다. 삶을 진짜 산다는 습관을 만들고 싶다면 차를 마실 때 차만 마시세요.

차를 목으로 넘길 때 퍼지는 잔향, 따뜻한 온도, 찻잔이 손에 닿는 느낌, 탁자에 다시 내려놓는 순간을 느껴보세요. 그때 호흡이 차분히 떨어지거든요. 뇌에 산소가 가장 많이 공급돼요. 그러면 삶의 문제에서 떨어져 나와서 자신의 삶을 바라볼 수 있습니다. 삶을 객관화해서 바라보게 되어요.

상처나 분노, 우울 등의 감정에서 떨어져 나와서 '어떻게 살고 싶지?' 하고 나에게 말을 걸 수도 있고, 나에게 따뜻한 시선을 보낼 수도 있어요. '괜찮아'라는 단어가 본인에게 없다면 '괜찮아'의 에너지를 가지고 있는 책이나 영상을 많이 접하세요. 사실 이건 다 에너지 싸움이거든요.

햇빛을 받아야 하는데 햇빛 에너지를 줄 부모가 없다면, 신에게 받으세요. 신에게 못 받았다면 친구에게 받고, 그것도 아니라면 자연에게 받을 수도 있어요. 결국 에너지의 싸움이지, 지식의 싸움이 아니거든요. 의지로 되는 것도 아닙니다. 실존하는 에너지로 되는 것입니다. 어렸을 적에 자석에 못을 붙여서 가지고 놀면, 나중에는 그 못에도 자성이 생기는 놀이를 해보셨을 거예요. 똑같은 현상입니다. 좋은 것을 많이 만나시길 바랍니다. 당신에게도 자성이 생길 것입니다.

삶의 진정한 승자

한국 직장인은 주로 월급을 받습니다. 서양 직장인은 대부분 주급을 받아요. 제가 볼 때는 꽤 많은 한국인이 월급도 아니고, 연봉도 아니고, 은퇴 자금을 받으려고 사는 사람 같습니다. 20년, 30년을 죽기 살기로 고생한 후에 엄청 큰 걸로 보상받으려는 것이지요. 남은 인생을 평생 보장해 줄 수 있는 무언가를 꿈꾸며 인생 대부분의 시간을 투자합니다.

그래서 한국인이 잘 참아요. 참고, 참고, 참아서 한 방에 행복하려고 합니다. 화도 참고, 울음도 참고, 숨도 참으며, '지금은 행복할 때가 아니야, 눈앞에 산적해 있는 문제를 전부 해결하면 그때 행복하자' 여기는 것이지요. 그런데 희한하게 하나의 문제가 해결된다고 문제가 사라지지 않아요. 앞에서 말했듯이 우리의 문제와 숙제는 영원히 끝나지 않을 것입니다.

사람이 암에 걸리는 이유가 몇 가지 있다고 합니다. 첫 번째는 유전. 두 번째는 환경. 세 번째는 음식. 그리고 제가 생각하기에 네 번째 이유로, 숨을 오래 참는 사람들이 암에 잘 걸리는 것 같습니다. 하고 싶은 말도 참고, 하고 싶은 행동도 참고, 그렇게 남의 짐까지 다 들어주고 그 앞에서 표정 관리까지 해야 합니다.

한 할머니가 돌아가시기 전에 인생의 비밀을 알려주신다며 해주신 말씀이 있습니다.

"최후에 웃는 사람이 승자가 아니라, 자주 웃는 사람이 승자더라."

그러니 인생 사는 방식을 조금 수정해보면 어떨까요? 억울하게 다 참아내고, 문제들 다 해결하고, 그때 비로소 숨도 쉬고 행복하고 괜찮으려 하지 말고요. 지금이요. 지금 웃고, 지금 행복하시길 바랍니다.

아깝지 않은 사랑

유튜브 채널 운영에 대한 조언을 구하는 사람을 종종 만납니다. 자신도 유튜브를 시작하고 싶다며, 어떤 주제가 좋을지 묻습니다.

"낚시하는 걸 올릴까요?"

"요리를 배우기 시작했는데, 요리 유튜브를 한번 해볼까요?"

제 생각에 주제는 전혀 중요하지 않습니다. 어떤 대상에 대한 명확한 사랑만 있다면 그 무엇으로든 시작해도 좋습니다.

얼마 전 시간 가는 줄 모르고 본 유튜브 채널이 있습니다. 아파트에서 오리를 키우고 있는 한 아저씨의 영상이었어요. 오리가 알을 막 깨고 나오려는 순간 핀셋으로 껍질을 벗겨주는 영상부터, 같이 양평에 가서 물놀이를 하는 영상까지, 푹 빠져서 여러 편을 봤습니다. 아저씨랑 오리랑 행복하게 노는, 별다른 내용도 없는 영상을 어느 순간 미소를 지으며 보고 있더라고요. 몇천 명의 사람들이 '좋아요'를 누르고 댓글을 달고 있었습니다. 사람들은 단순히 아저씨와 오리를 보는 게 아니라, 아저씨의 오리에 대한 사랑을 보고 있었습니다. 투박하지만 진심이 전해지는 사랑을요.

우리도 모두 각자의 고유한 사랑이 있습니다. 아무리 사랑을 줘도 줘도 모자라다고 생각하는 그런 사랑이요. 그 사랑이 여행일 수도, 책일 수도, 반려동물일 수도, 어떤 사람일 수도 있습니다. 그 대상에게는 돈을 정기적으로 쓰게 돼도, 아무리 많은 돈을 써도 아깝지 않습니다. 더 많은 시간과 돈을 쓰지 못해 미안해합니다. 이미 충분히 주고 있는데도요. 흔히 내가 좋아하면 두렵지 않고 외롭지 않을 거라 생각하는데, 사랑은 두려워도, 내가 외로워져도 '그럼에도 불구하고' 가까이 다가가는 것입니다. 그럼에도 불구하고 그 길을 가는 것입니다.

이런 마음을 가지는 분야나 대상이 있다는 건, 인간으로서의 짧은 인생에 너무나도 멋진 일이라고 생각합니다. 당신의 사랑은 무엇인가요? 지금 머릿속에 떠오르는 사랑이 없다면, 한동안 그 사랑을 찾는 데 집중해봐도 좋을 것 같습니다. 작고 사소해서 사랑이 아닌 줄 알고 뒤로 밀쳐놨을 수도 있고, 당면한 현실 문제를 해결하느라 사랑을 잊었을 수도 있습니다. 물론 아직 그 사랑을 만나지 못했을 수도 있습니다. 화가 케넌 콕스가 한 말로 알려진 글을 소개하고 싶습니다.

'그림을 그리든지, 노래를 하든지, 조각을 하든지
즐거움을 위해서 하라.
몸이 굶주릴지라도 당신이 사랑하는 일을 하라.
명예를 위해 일하는 자는 목적을 잃고,
돈을 위해 일하는 자는 영혼을 팔아버린다.
그저 일 자체를 위해 한다면,
그저 일이 주는 즐거움과 만족을 위해 한다면
나머지는 따라올 것이다.'

우리 삶은 각자만의 사랑을 찾아 떠나는 길고도 짧은 여정입니다.

내 마음속 정원

뉴욕 중심부에는 센트럴파크가 있습니다. 이름 그대로 도시 중앙에 있는 공원입니다. 공원이 만들어질 당시 뉴욕은 경제적으로도, 문화 예술의 메카로도 엄청난 성장을 할 때였습니다. 그런데 그때 도시 중앙에 공원을 만들어야 한다고 주장한 사람이 있었습니다. 프레더릭 로 옴스테드라는 한 공원설계자가 "지금 이곳에 공원을 만들지 않는다면, 100년 뒤에는 이만한 크기의 정신병원이 필요할 것이다"라고 말한 것이죠. 센트럴파크가 만들어진 배경입니다.

저도 그 공원에 가본 적이 있습니다. 소풍 나온 사람, 강아지 산책시키는 사람, 악기를 연주하는 사람, 벤치에 앉아 멍 때리는 사람, 걷는 사람, 뛰는 사람, 심지어 윗옷을 벗고 누워서 태닝을 하는 사람도 있더군요. 사회적 지위, 경제적 위치, 성별, 나이 관계 없이, 이런 모든 옷을 벗어두고 자연의 기운과 햇빛을 마음껏 받을 수 있는 공원이었습니다. 긴장하고 경쟁하던 장소에서 벗어나 마음을 내려놓을 수 있는 곳, 월가에서 분초를 다투며 주식창만 보지 않고 잠시 멍 때리며 쉴 수 있는 곳. 그 공원을 만들지 않았다면 정말 공원 면적만큼의 정신병원이 필요했을지도 모릅니다.

저는 강연을 하면 돈을 받습니다. 그러니 많이 할수록 더 많은 돈을 벌겠죠. 하지만 강연은 벼락공부한다고 이야기가 나오는 것이 아닙니다. 삶을 살아야 나옵니다. 삶을 살면서 깨닫고 감동받고 그걸 숙성해놔야 전해드릴 이야기가 생깁니다.

점차 버거움을 느꼈습니다. 제 안에서 불평이 생기고 일 자체가 질리기 시작했습니다. 신나서 했던 일인데 신이 안 나고 제 안에서 콘텐츠를 쥐어짜내고 있었습니다. '이건 욕심이야.' 희미하게 들려오는 제 안의 목소리가 이제는 확신이 되었고, 그래서 강연을 줄여나간 것입니다. 욕심을 덜어내고, 그만큼 마음의 공간을 마련했습니다.

우리 마음의 중앙에도 공원이 필요합니다. 도시 개발하듯이 우리 마음을 개발할 때 땅값이 비싸다고 전부 다 빌딩으로 지어버리면 그만한 정신과 의료비를 지출해야 할 것입니다. 저도 그동안은 제 모든 시간과 모든 재능을 효율적으로 돈으로 바꾸면서 살아왔습니다. 그렇게 오래 살았습니다. 누군가 그랬다고 합니다. 여가 시간이 사라지는 것 같으면 조심하라고. 영혼도 따라 사라질 수 있으니….

내 마음의 땅값이 아무리 비싸도, 아니 비쌀수록 마음 중앙에 공원을 만드십시오. 내 영혼이 병들기 전에, 내 영혼이 사라지기 전에 말이지요.

사실 그건 아무것도 아닙니다

우리는 살면서 다치고 상처를 입습니다. 어떤 상처는 금방 아물고 잊히지만, 어떤 상처는 우리 삶의 근간을 흔들어댑니다. 사람을 믿지 못하게 되고, 방어적이게 되고, 우울하고 불안하고, 다친 나 자신이 너무 바보 같아 스스로를 원망합니다.

하지만 상황과 결과는 나빠질 수 있는 것처럼 좋아질 수도 있습니다. 좋아진 경우를 저는 수없이 봐왔습니다. 나의 아픔과 상처를 알아봐주고 받아주는 누군가를 만났을 때, 우리는 좋아집니다. 몸의 세포가 먼저 알아채고 변화합니다. '나의 모든 것을 받아주는구나.' 무의식적으로 알아채고 자연스럽게 좋아집니다.

가장 좋은 것은, 타인이 아닌 내가 나 자신을 받아주는 것입니다. 사람은 나의 상처나 아픔이 나의 전부라고 생각할 때가 있습니다. 그래서 경계하고 조심합니다. 아팠던 걸 들킬까 봐, 사랑에 실패한 걸 들킬까 봐, 믿었던 사람에게 배신당한 걸 들킬까 봐, 이혼한 걸 들킬까 봐, 신용불량자였던 걸 들킬까 봐, 대학 안 나온 걸 들킬까 봐, 부모가 없는 걸 들킬까 봐….

전부라고 생각하지만 사실 아무것도 아닙니다. 사랑하는 사람들과 좋은 에너지를 주고받으며 마음의 힘이 생기면, 그때 우리가 전에는 전부라고 생각했던 상처가 아무것도 아닌 날이 반드시 옵니다. 나를 온전히 받아주고 인정할 때, 그렇게 나 자신이나 타인이 나를 수용해줄 때 '그런 것 따위는 사실 아무것도 아니라는 것'을 깨닫게 됩니다.

마음에 힘이 생길 때마다 스스로에게 말해주세요. "그거, 사실 아무것도 아니야", "네 인생에서 중요한 거 아니야", "그 사람들이 나를 어떻게 생각하든 아무 상관 없어", "괜찮아, 너 진짜 잘하고 있어"…. 그리고 스스로를 깊이깊이 안아주시길 바랍니다. 그때 비로소 마음에 평온이 찾아들 거예요.

열등감이 눈을 가릴 때

제가 제주도에 내려갈 때마다 지내는 곳은 주유소도 없는 시골 마을입니다. 차에 기름이 다 떨어져 가 시내에 주유를 하러 나갔는데, 주유소 사장님이 엄청 반갑게 인사를 하며 다가오더라고요. '나를 아는 분인가 보다, 사인 요청하면 해드려야지. 잠깐, 사진은 지금 상태가 좀 그런가' 하는 생각 중이었는데 "창옥이?" 하며 저를 불렀습니다. 누군지 잘 모르겠어서 난처한 표정을 지으니 "나야 나, 정웅이" 하며 반갑게 손을 내밀었습니다. 그 순간 감자가 줄기에 주렁주렁 매달려 올라오는 것처럼 옛 기억들이 한순간에 딸려 왔습니다.

이 친구는 저의 국민학교 동창입니다. 거의 40년 만에 만났으니 잠시 차 한잔을 나누었습니다. 제주 사투리로 어린 시절 이야기, 지금 사는 이야기를 나누며 회포를 풀었습니다. 무서웠던 선생님, 수업 시간에 혼났던 옛 기억들을 주고받다가 친구가 물었습니다.

"우리 같이 등교도 하고 그랬잖아. 그 길 기억나? 거기 많이 변했더라."

그런데 저는 정웅이와 같이 등교를 한 기억이 없었습니다. 왜냐하면 제가 기억하는 어린 시절 저는 절대 이 친구와 친해질 수 없으리라 생각했으니까요. 저는 학창 시절 반에서 항상 1번 아니면 2번이었습니다. 그때는 키 순서대로 번호를 정했고, 키가 작은 저는 늘 앞 번호였습니다. 그에 비해 정웅이는 키가 훤칠해서 뒤 번호라 교실에서도 앞뒤로 멀찍이 떨어져 앉을 수밖에 없었습니다. 이 친구는 공부도 잘하고 운동도 잘했습니다. 심지어 잘생겨서 여자애들한테 인기도 많았습니다. 부모님 중 한 분은 선생님이라 다들 교육자 집안이라고 불렀죠. 바르게, 누가 봐도 사랑받고 자란 아이였습니다.

이런 친구와 내가 함께 등교를 했다고? 같이 밥도 먹고, 놀러도 갔었다고? 하나도 기억나지 않았습니다. 이 친구를 부러워하고 샘을 부린 기억은 있지만요. 40년 만에 만나 저를 진심으로 환대해주는 친구의 모습을 보며, 친구는 그때나 지금이나 이 모습 그대로였겠구나 깨달았습니다. 정말로 친구는 멀리서 걸어오는 저를 기다렸다가 함께 학교로 향했고, 교실과 복도에서 뛰어다니며 장난을 쳤을 겁니다. 저만 열등감에 사로잡혀 즐거웠던 기억을 하나도 남기지 않은 것입니다.

왈츠나 탱고처럼 두 사람이 함께 추는 춤을 떠올려보세요. 이 춤을 잘 추기 위해서는 내 몸에 완벽하게 무게 중심이 서 있어야 합니다. 상대방의 춤에 반응하고 맞추기 위해서는 내가 흔들림 없이 중심을 잡을 수 있어야 가능하지요. 숙련된 '솔로'가 되어야만 '듀엣'도 할 수 있습니다. 상대와의 관계에서도 마찬가지입니다. 저는 학창 시절 정서적으로 건강하지 못했고 홀로 단단하게 설 능력이 없었습니다. 그러니 누군가를 칭찬해줄 수도, 인정할 수도 없었습니다. 결국 저는 춤을 출 수 없었던 거죠.

자존감은 나를 얼마만큼 소중하게 대하느냐의 문제이고, 자존심은 내가 얼마나 잘났느냐의 문제입니다. 스스로를 소중히 대하여 자존감이 높은 사람이라면, 조금 못나고 부족해도 괜찮습니다. 나의 못나고 부족한 부분을 채워

줄 수 있는 사람에게 가서 배우면 되니까요.

상대방의 의견을 묻고 그의 세계를 인정할 수 있는 힘, 또 감탄할 수 있는 힘은 나 혼자서도 중심을 잡을 수 있을 때 생겨납니다.

'열등감에 사로잡혀 있는 사람은 단 한 번도 자신을 진심으로 바라본 적이 없는 사람'이라고 했습니다. 누군가에 대한 시기와 질투 때문에 힘들다면, 그래서 스스로에게 상처를 주고 있다면 내 안의 힘을 기르는 기회로 삼으십시오. 열등감 때문에 온전히 내 인생을 경험하지 못한다면 그건 너무 억울한 일일 테니까요.

목숨을 바칠 각오

심청이는 인당수에 빠져 아버지의 눈을 뜨게 합니다. 심청이의 '심청心淸'은 마음이 맑다는 뜻입니다. '심봉心封'은 마음이 닫혀 있다는 뜻이고요. 마음이 맑은 심청이가 마음이 닫힌 아버지를 위해 목숨을 바쳐 아버지의 마음의 눈을 뜨게 만든다는 이야기인 거죠. 의식이 먼저 열린 사람이, 사랑을 먼저 받은 사람이, 의식이 닫혀 있고 사랑을 온전히 받지 못하는 사람에게 영향을 끼치기 위해서는 '가르치는 것'으로는 안 됩니다. 목숨을 바치는 각오여야 합니다.

좋은 책을 읽거나 영혼에 와닿는 강연을 듣거나 스스로 사색하여 깨치는 사람이 있습니다. 삶이 달리 보이고 앞으로 어떻게 살아야 하는지가 보입니다. 이렇게 변화가 찾아온 사람은 가족이나 곁에 가까운 이들에게 이 깨달음을 전하고 싶어 합니다.

"자기야, 내가 오늘 무슨 강의를 들었는데, 정말 좋은 이야기야. 이 강의는 내가 아니라 자기가 들었으면 더 좋았을 텐데…."

자신에게 좋은 영향을 준 것들을 상대방에게 전하고 싶은 선의에서 시작하지만, 상대방은 피곤하고 짜증스럽기만 합니다. 좋은 것을 함께 나누고 싶었던 사람도 이내 제풀에 지쳐갑니다. 스스로 삶에서 지켜야 할 것들도 늘어나고, 옆 사람들은 이 진리를 알아채지 못하니까요.

소크라테스는 "나는 내가 아무것도 모른다는 것을 안다"고 했습니다. 비슷한 말로, '사람의 지식은 원의 반지름이다. 이 반지름을 가지고 원을 만들면 이 원의 면적만큼 내가 모른다는 것을 알게 된다'는 유명한 말도 있습니다. 사람이 아는 것이 많아지면 반지름이 커질 것이고, 그것을 가지고 그린 원은 더 넓어져서 결국 내가 모르는 것이 더 많다는 사실을 알게 된다는 것이죠. 그래서 인간은 지식을 쌓을수록 자신의 무지를 알아갑니다.

책이든 강의든 종교든 어떤 좋은 만남 후에 우리의 인식이 깨어나면 우리는 '심청이'가 됩니다. 마음이 맑아지니까 세상이 제대로 보이기 시작한 것이죠. 그러면 이럴 때 두 가지 선택 앞에 놓입니다. 남을 위해서 목숨을 바칠 것인가, 아니면 아는 것을 가지고 점을 칠 것인가.

인식이 깨어나면 상대의 말투와 행동, 얼굴 표정만으로도 대강 그 사람을 알 수 있습니다. 그걸 바탕으로 점을 치는 경우가 생깁니다. 점차 점쟁이처럼 되어가는 사람이 있습니다. '너는 이런 사람이다, 너는 계속 이렇게 살면 앞으로 이럴 것이다, 지금 바뀌지 않으면 너의 운명은 어떠할 것이다, 너 같은 사람은 안 되게 되어 있다, 그래서 이 나라가 이 모양인 거다….' 그렇게 혼자만 알고 있다고 생각하고, 판단하고, 확신합니다. 그리고 점점 외로워집니다. 고립되지요.

반대로 심청이처럼 목숨을 바쳐 바다에 빠지는 사람이 있습니다. 그러고는 상대방의 눈을 뜨이게 하는 것이죠. 저는 '심청이 정신'과 '십자가 정신'이 비슷하다는 생각을 종종 합니다. 십자가를 아는 사람이 십자가에 매달려야 비로소 십자가를 모르던 사람이 십자가를 알게 됩니다. 즉, 아는 자가 모르는 자를 위해 '가르치는 것'이 아니라, 아는 자가 모르는 자를 위해 '죽는다'는 것이죠.

아시겠지만 실제로 죽음을 의미하는 것이 아닙니다. 죽음으로 가는 것처럼 힘들다는 의미입니다. 나를 내려놓아야, 나를 희생해야, 내 자존심을 눌러놓아야 가능하다는 의미입니다. 그러면 그때 비로소 사람들은 느끼게 되고 알게 될 것입니다. 그러고는 물어보겠죠.

"당신은 어떻게 그렇게 할 수 있었습니까?"

사랑하는 사람에게 좋은 무언가를 전하고 싶다면, 돌덩이처럼 굳은 마음을 녹이고 싶다면, 오랜 관습과 틀에 갇혀 벗어나지 못하고 있다면, '이 사람을 어떻게 가르칠 것인가?', '이 사람을 어떻게 개조할 것인가?'라는 생각보다는 그 사람을 위해 내 목숨을 바친다는 생각으로 다가가십시오. 무언가를 깨달을수록 외로워지고 고립되고, 세상과 사람을 재단하는 점쟁이가 되고, 그러면서 혼자 거룩하다고 착각하지 마십시오. 가르치지 말고 판단하지 말고, 위에 서 있지 마십시오. 심청이의 마음으로 내려놓고 다가가십시오.

마음 근육을 퇴화시키지 마세요

승마를 배워본 적이 있습니다. 밖에서 바람도 쐬고 운동도 하고 싶어 승마장을 찾았습니다. 몇 번 배우지 않았지만 승마를 하는 줄곧 이런 마음이 들었습니다. '너무 미안하다.' 왜냐하면 말을 타면 말의 등을 사람이 계속해서 찧어대는 것인데, 저처럼 말을 잘 타지 못하는 사람의 경우 리듬이 맞지 않아 말이 아플 것 같았기 때문이었습니다. '얼마나 아플까, 참 미안하다. 말을 힘들게 하고 있는 건 아닐까?'

내내 마음이 불편해서 승마장에 계신 분께 여쭤보니, 말은 온몸이 근육이라 이렇게 승마를 하지 않으면 말의 근육들이 쳐지고 퇴화되어 더 좋지 않다고 설명해주셨습니다. 야생에서 자유롭게 뛰어다니는 것이 가장 좋겠지만, 이렇게 승마장을 하는 여러 이유 중 하나가 적당하게 말들을 뛰게 하기 위해서라는 것이었죠. 그래야 말들이 건강해지니까요.

사람의 마음도 말과 같이 근육이 있습니다. 우리도 그 근육을 쓰지 않으면 늘어지고 퇴화됩니다. 긍정적인 감정이든 부정적인 감정이든, 감정의 근육을 계속 담금질하듯 써야 합니다.

사랑을 했다가 헤어진 후 그 후유증으로 사랑을 하지 않겠다고 한다면 사랑의 근육은 사라져버릴지도 모릅니다. 누군가를 돕고 외려 배신을 당했다면 그 후유증으로 타인을 배려하는 근육은 사라져버릴지도 모릅니다. 그러니 또 사랑하십시오. 그럼에도 또 누군가를 도우십시오. 힘이 들 수도 있고 억울할 수도 있지만, 그럴 때는 속상한 마음을 말로 털어놓고 울기도 하십시오.

더 다치기 싫다며 마음 근육을 퇴화시키는 사람이 있습니다. 그러곤 착각하지요. '나는 더 이상 상처받지 않는다. 나는 해탈했다' 하고요. 모든 감정은 헛되다고 생각하고, 어떤 감정에도 요동치지 않으려고 합니다. 그렇게 모든 감정의 근육을 쓰지 않습니다.

마음의 근육이 퇴화되면 삶의 기쁨도 사라질 것입니다. 환희와 행복, 짜릿함과 설렘도 사라질 것입니다. 그러니 사랑이든 슬픔이든 분노든 질투든, 감정의 근육을 지속적으로 사용하고 키우십시오. 저도 예전에는 욕을 잘 안 했습니다. 욕을 하는 사람을 보면 가볍고 경솔한 사람처럼 느껴져 싫어하기도 했습니다. 요즘의 저는 욕도 건강하게 잘 사용하면 우리 영혼을 더 건강하게 해줄지도 모른다고 생각합니다. 욕을 하고 싶은 마음이 욕을 하지 못하니까 오히려 더 깊숙한 곳에서 나쁜 기운을 퍼트립니다. 겉으로는 고상하지만 내면은 어둡고 독하게 변해갑니다. 과거에 제 스스로 느꼈던 부분입니다.

감정에 지배당해 감정이 시키는 대로 하라는 것이 아닙니다. 적당하게 화도 표현하고 슬픔도 표현하고 기쁨도 표현했으면 좋겠습니다. 퓰리처상을 받은 최초의 아프리카계 미국인 그웬돌린 브룩스는 이렇게 썼습니다. "작은 순간을 다 써버리십시오. 곧 그것은 사라집니다. 쓰레기든 금이든. 다시는 같은 모습으로 오지 않습니다." 우리에게 찾아온 작은 감정까지 다 느끼십시오. 그것이 당신 삶의 이야기가 됩니다.

슬픔을 깔고 앉아, 웃으십시오

"인생이란 폭풍우가 지나가기를 기다리는 게 아니라 빗속에서도 춤추는 법을 배우는 것이다." 제가 좋아하는 경구입니다. 다 그만두고 싶을 때가 있습니다. 삶에 폭풍우가 몰아치고, 슬픔이 차올라 둑이 무너질 것 같을 때가. 버텨야 하지만, 그냥 버티면 안 됩니다. 웃고, 깨닫고, 감동받아서 울고, 좋은 자연의 공기 마시고… 그렇게 '살면서' 버텨야 합니다. 우리에게 남은 시간이 얼마인지 그 누구도 장담할 수 없습니다. 계속 자신이 쌓아놓은 고통 속에 웅크리고 살 순 없잖아요. 그렇게 사는 건 진정으로 사는 것이 아닙니다. 지금 나를 괴롭히는 요인을 더욱 강하게 만들뿐입니다.

태어나서 고통받고 아프고 죽고…. 인간의 삶이 너무 허망하게 느껴질 때가 있습니다. '사는 게 뭔가' 싶을 때가 많지만, 확실한 건 어쨌든 우리가 살아 있는 동안 한 번이라도 더 웃는 것이 중요하다는 것입니다. 그냥 웃는 게 아니라, 우리 슬픔을 바닥에 깔고 웃고, 우리의 사연을 바닥에 깔고 웃는 것입니다. 삶에서 참 중요한 일입니다.

저도 사람들 앞에서 말하는 이 직업을 그만두려고 했고, 그만두고 있었습니다. 너무도 큰 부담이었고 고통스럽고 압박이 되었으니까요. 저를 보고 알아채는 분들이 분명 계셨을 거예요. '저 인간, 지가 말하는 대로 살지도 않으면서 말은 엄청 잘하네.' 내면에 저한테 그렇게 말하는 사람이 한 100명 넘게 살고 있는 기분이었으니까요. 최소한 양심이라도 챙기려면 말을 차라리 안 하는 게 낫겠다고 생각했습니다.

하나님은 인간에게 '내일'을 약속하신 적 없다고 합니다. 이 말은 부정적이고 우울한 말이 아니라, 우리의 지금 이 시간이 너무 소중하다는 뜻인 것 같습니다. 코코 샤넬이 이런 말을 했습니다. '럭셔리의 반대말은 천박함이 아니다. 럭셔리의 반대말은 흔하다는 것이다.' 그래서 명품은 한정판으로 내놓고, 심지어 재고는 싸게 안 팔고 폐기시킨다고 합니다. 인간의 시간이야말로 가장 한정적이고, 심지어 내일을 보장받지도 못합니다. 저는 인간이 가장 럭셔리하다고 생각합니다.

그런데 우리는 그것을 인식하지 못하고 우리에게 주어진 한정판 시간을 불행과 고통에 매몰시키거나, 혹은 아무런 의미 없이 흘려보내 버립니다. 슬픔을 깔고 앉고, 사연을 깔고 앉아 있더라도, 그 위에서 웃으십시오. 그리고 나에게 주어진 이 한정적이고 귀한 삶을 어떤 것으로 채울지, 허무와 불신, 불안과 고통으로 채울지 호기심과 설렘, 기쁨과 행복으로 채울지 선택하는 것이, 우리 삶에 주어진 흥미로운 과제라는 생각이 듭니다.

겸손의 시선으로 바라보기

내 삶을 겸손의 시선으로 바라보셨으면 좋겠습니다. 나와 주변 모든 상황이 아무 문제 없이 평화롭기란, 불가능에 가깝습니다. 몸이 안 좋을 수도 있고, 가족에게 우환이 닥쳤을 수도 있고, 직장에서 갈등이 생겼을 수도 있고…. 잠자리에 누웠을 때 '아, 아무 걱정이 없구나. 정말 평안하다'라고 할 수 있는 날이, 살면서 얼마나 될까요.

그럴 때 겸손의 시선으로 나의 문제를 바라보셨으면 합니다. 겸손의 시선이란, 우리가 누릴 삶의 시간 끝자락 앞에 문제를 두고 바라보는 것을 말합니다. 하던 일이 잘 안 풀리고, 누군가와 헤어지고, 몸은 예전 같지 않은 상황을 겸손함으로 바라볼 때 지혜로운 판단력이 생깁니다. 어디로 가야 할지, 어떤 선택을 해야 할지, 어떻게 대해야 할지…. 겸손의 시선이 우리를 깊고 넓은 사람으로 만들어줍니다. 이해인 수녀님의 〈어떤 결심〉이라는 시입니다. 여러분의 삶 앞에도 저만치서 행복이 걸어오기를 기원합니다.

마음이 많이 아플 때
꼭 하루씩만 살기로 했다
몸이 많이 아플 때
꼭 한순간씩만 살기로 했다
고마운 것만 기억하고
사랑한 일만 떠올리며
어떤 경우에도
남의 탓을 안 하기로 했다
고요히 나 자신만
들여다보기로 했다
내게 주어진 하루만이
전 생애라고 생각하니
저만치서 행복이
웃으며 걸어왔다

2 장

숨 쉬는 법

인생의 심각함이 심각함으로 해결되나요?
슬픈 삶은 슬퍼함으로 해결이 안 됩니다. 아픔도
아파함으로 해결이 안 됩니다. 어처구니없더라도
피식 한번 웃으세요. 그렇게 숨 한번 쉬어보는 것입니다.

시간이 빨리 가고 끝이 좋은 것

남성의 평균 수명이 여성보다 6년에서 7년이 짧다고 합니다. 그런데 남성이 장수하는 직업이 딱 두 개가 있다고 해요. 하나는 지휘자, 또 하나는 성직자입니다. 그 직업군 사람들의 특성은 자주 감동을 받는다는 것이에요. 통증 완화에 도움을 주는 엔도르핀은 모르핀의 약 48배의 효과가 있고, '감동 호르몬'이라 불리는 다이노르핀은 모르핀의 약 200배가량의 효과가 있다고 합니다. 또한 미국의 인디애나 주 메모리얼 병원 연구팀에 의하면 15초 동안 하하호호 크게 웃기만 해도 엔도르핀이 증가해 수명이 이틀 정도 연장된다고 합니다. 그러니 다이노르핀은 얼마나 큰 효과가 있을까요? 다이노르핀은 주로 인간이 감동을 받거나 깨달음에 이르는 순간에 나옵니다. 다이노르핀이 나올 때 하는 행동은 고개를 끄덕이는 것입니다. 공감하거나 감동할 때 자율신경이 무의식적으로 고개를 흔드는 것이지요. 지휘자의 경우 음악을 지휘하다가 너무 좋고 감동받아 고개를 끄덕이면서 다이노르핀을 생성하는 것이지요.

그런데 한국인, 특히 중년의 남성들은 공감 능력이 많이 떨어지는 것 같습니다. 강연 중에 중년 남성들은 웃어도 3초 웃고 정색합니다. 마치 물이 다 뽑혀서 메말라버린 고로쇠나무 같습니다. 고로쇠나무는 1년에 18리터 정도의 잉여물을 줄 수 있다고 합니다. 고로쇠에 비유하면 한국 남성은 180리터의 물을 빼버린 나무 같습니다. 자신의 삶을 위해 최소한의 물은 남기고 줬어야 했는데, 직장에 가정에 부모에게 물을 다 빼줬습니다. 마른 나무는 불에 잘 탑니다. 그래서 작은 불씨에도 화르르 타버릴 수 있습니다. 내 노력을 알아주지 않거나 인정받지 못하면 분노해 갑자기 불같이 화가 치솟습니다. 중년 남성들뿐만이 아니에요. 열심히, 나를 바쳐 살아온 많은 사람들이 수액이 다 뽑힌 마른 나무 상태가 됩니다.

그런데 외부에서 나를 알아주고 인정해주는 건 한계가

있습니다. 남편이 다 알아줄 수 없고요, 아내가 다 알아줄 수 없고, 자식이 다 알아줄 수 없고, 때로는 부모도 다 알아줄 수 없어요. 결국 내가 나를 알아줘야 합니다. '내가 이렇게 열심히 살았구나. 그래서 이렇게 메말랐구나.' 내가 나를 알아주고 인정해주고 보듬어줄 때 내면에 다시 물이 차오릅니다. 눈물이 나면서요. 작가 마야 안젤루는 '자기 자신도 사랑하지 않으면서 다른 사람을 사랑하려고 하는 것은 헐벗은 사람이 남에게 자기 윗도리를 벗어주는 것과 같다'라고 말했습니다.

물을 다시 채우는 방법을 안내해드릴게요. 시간이 빨리 가고, 끝이 좋은 걸 하십시오. 시간은 빨리 갔는데 끝은 안 좋은 경우가 있습니다. 가령 스마트폰으로 유튜브 숏츠를 보거나 게임을 하면서 한두 시간 훌쩍 보냈습니다. 시간이 정말 빨리 갑니다. 소파에 누워 한 손에 리모컨을 들고 채널을 열심히 바꾸며 텔레비전을 봅니다. 시간이 정말 빨리 갑니다. 그런데 곧 자괴감이 몰려옵니다. 머리도 좀 아픈 것 같습니다. 패스트푸드를 먹을 때는 맛있지만, 먹고 나면 속이 더부룩한 것과 비슷합니다. 그럴 바에야 시간이 좀 더디 가도 끝이 좋은 걸 하십시오. 예를 들면, 운동이 그렇습니다. 하러 나가기도 싫고, 할 때도 시간이 정말 안 갑니다. 그런데 운동을 마치고 나면 그렇게 상쾌할 수 없습니다.

가장 좋은 것은, 시간이 빨리 가고 끝도 좋은 것입니다. 누군가에게는 운동이 그런 일일 거고, 누군가에게는 좋아하는 사람과 만나 대화를 나누는 일일 거고, 누군가에게는 가죽공예나 그림 그리는 일일 것입니다. 그것은 사람마다 고유합니다. 그럴 때 몸과 마음에 다시 물이 차오릅니다.

우리는 다 구분할 수 있습니다. 시작은 좋은데 끝이 안 좋은 것이 무엇인지, 시작도 좋고 끝도 좋은 것이 무엇인지, 시작은 비록 좋지 않지만 끝이 좋은 것이 무엇인지. 다 알면서, 상황 때문에, 습관 때문에 방향을 틀지 못하는 것입니다. 자신의 '고유한', '시간도 빨리 가고 끝도 좋은 것'을 아직 찾지 못하셨다면, 어릴 때부터 좋아했던 것들을 조금씩 해보면서 찾아가는 것도 좋은 방법입니다. 그렇게 다시 몸에 물을 채우시길 바랍니다.

편안한 빈티지 의자처럼

얼마 전 벼르고 벼르던 의자 하나를 구입했습니다. 일명 미드센추리 모던 스타일 의자입니다. 모던하고도 클래식한 스타일, 톡톡 튀는 컬러감에 반해 관련 상품들을 알아보다 어느 유명 디자이너의 의자를 구입하게 되었습니다. 가격이 꽤 나갔지만 저 의자만 있으면 집이 완벽해질 것만 같았습니다. 방 한쪽에 놓인 의자는 역시나 강한 존재감을 내뿜었고, 의자 하나만으로 집의 분위기가 살아나서 보는 내내 마음이 뿌듯했습니다.

그로부터 얼마 지나지 않아 제주도의 한 빈티지 가게에 방문한 날이었습니다. 옷을 구경하러 간 건데, 제 눈에는 가게 구석에 놓인 한 의자만이 눈에 들어왔습니다. 미국의 어느 시골 산장에서 할머니가 돋보기를 끼고 앉아 뜨개질을 하고 있을 것만 같은 느낌의 편안한 의자였습니다. 여기저기 뜯어진 흔적이 있었지만 그런 세월의 흔적들이 오히려 포근하게 다가왔습니다. 혹시 저 의자는 얼마인지 물었더니 길에서 주워온 의자라고 하더군요. 의자에서 눈을 못 떼고 있으니 가게 사장님은 파는 건 아니지만 들고 가도 괜찮다며 흔쾌히 의자를 내어주었습니다.

결국 제 방에는 유명 디자이너의 의자와 빈티지 가게에서 공짜로 들고 온 의자가 나란히 놓이게 되었습니다. 둘은 묘하게 어우러졌습니다.

그렇게 몇 개월이 지나는 동안 제가 더 많은 시간을 보낸 의자는 무엇이었을까요? 큰돈을 주고 산 미드센추리 모던 스타일 의자가 아닌 군데군데 해진 빈티지 의자였습니다. 디자인도 세련되고 내구성도 튼튼한 디자이너 의자는 막상 앉아 있기에는 어딘가 불편했습니다. 딱딱하고 차가운 느낌이 들어서 편히 휴식을 취하기에는 좀 어려웠습니다. 대신 빈티지 의자는 사용감이 있어서 오히려 앉았을 때 제 몸에 딱 들어맞는 느낌이었습니다. 디스크 수술을 한 저도 안정적으로 앉을 수 있었습니다. 높이, 등받이 각도,

팔걸이 위치 등 마치 저를 위해 맞춤 제작된 게 아닐까 싶을 정도로요.

그날 두 의자를 바라보며 나는 어떤 스타일의 사람인지 구체적으로 생각해보았습니다. 나는 오브제같이 화려한 스타일의 의자에 가까울까, 아니면 조금 낡고 해졌지만 누구든 앉아서 편안하게 시간을 보낼 수 있는 의자에 가까울까. 저는 그다지 편한 의자는 아닌 것 같았습니다. 누구나 나에게 기대고 안길 수 있는 그런 의자는 아니었습니다.

의자는 누군가 앉았을 때 효용이 생기는 물건입니다. 값이 아무리 비싸고 미적으로 아름다워도 아무도 앉지 않는다면 금세 잊히고 맙니다. 하지만 겉으로는 투박해 보여도 지친 몸을 잠시 쉬게 만들어주는 의자는 오래도록 사용됩니다.

저는 완벽하지는 않지만 따뜻함을 가진 빈티지 의자 같은 사람이 되고 싶습니다. 누구든 잠시 기대어 눈을 붙이고 편히 한숨을 쉬다 가면 좋겠습니다. 그러기 위해선 저 역시 조금 느슨해져야겠지요.

제주도 돌담에는 중간중간 틈이 있습니다. 제주도에는 바람이 많기 불기 때문에 바람을 너무 많이 맞으면 식물들이 바람 몸살이라는 걸 앓게 됩니다. 뿌리를 내리지 못하고 죽어버리거나, 열매를 잘 맺지 못하는 거죠. 그래서 사람들은 세차게 부는 바람을 막기 위해 천지에 널린 돌로 담을 쌓습니다. 구멍이 숭숭 뚫려 있고 모양도 울퉁불퉁한 현무암이 과연 제대로 담의 역할을 할까 싶었지만, 놀랍게도 돌담은 강한 태풍에도 무너지지 않습니다. 바로 현무암의 구멍과 듬성듬성한 틈 덕분입니다. 틈이 있어야 더 오래 버틸 수 있습니다. 해지고 낡은 의자가 더 오래 남아 있듯이요. 틈이 있는 사람, 세련되지는 않지만 따뜻함이 있는 사람이 되고 싶습니다.

여러분은 어떤 스타일의 사람이 되고 싶은가요?

생각이 너무 많아 괴로운 이들에게

생각이 꼬리에 꼬리를 물고 떠나지 않는 사람이 있습니다. 반면, 생각도 결정도 심플하게 끝내는 사람이 있습니다. 생각이 많은 사람은 그렇게 심플한 사람을 보며 부러워하기 마련입니다. 일본의 승려 코이케 류노스케는 《생각 버리기 연습》에서 "우리가 실패하는 원인은 대부분 지나치게 많이 생각하기 때문이다"라고 말했습니다. 당신이 생각이 많은 사람 축에 든다고 여겨진다면, '나는 근심, 염려, 걱정, 불안, 초조, 두려움이 많은 사람이야'라고 여겨진다면, '생각 버리기 연습'에 돌입해보면 좋겠습니다. 이 또한 정기적으로 일상 속에서 시도해보고 연습해볼 필요가 있습니다.

가령 영화를 볼 때 생각이 없어질 수 있습니다. 좋아하는 음악을 듣거나 친구를 만나 정신없이 수다를 떨면서 웃으면 생각이 없어질 수 있습니다. 마당에 돋아난 잡초를 뽑거나 화장실 묵은 때를 제거하기 위해 청소에 열중하면 생각이 없어질 수 있습니다. 산책을 하거나 둘레길을 걷거나 달리기를 할 때 생각이 없어질 수 있습니다. 어느 순간 고민했던 것이 바람처럼 사라질 때가 있습니다. '아, 허상이구나' 알아차려지는 순간이 찾아옵니다.

제 경우에는 노동을 합니다. 일주일에 한 번씩 몸을 쓰는 노동을 하며 생각 버리기 훈련을 합니다. 산에서 나무도 하고, 망치질도 합니다. 제가 좋아하는 노동이고, 좋아하는 노동은 곧 영혼의 운동입니다.

진정한 지혜와 깨우침은 머리로 하는 것이 아닙니다. 몸에 반복된 경험치를 쌓아야 합니다. 몸은 모르는데 머리로만 인지하는 것은 진정한 앎으로 향하지 못합니다. 머리로만 알 바에야 차라리 몸도 모르고 머리로도 모르는 것이 낫습니다. 그러면 누군가 "이거 해볼래?" 할 때 받아들일 수 있습니다. 그런데 머리로만 알면 "어, 나 그거 아는데?" 하며 경험의 단계로 나아가지 못합니다.

진정 몸으로 경험한 즐거움을 아는 사람들은 자신이 그걸 '마스터'했다고 결코 말하지 않습니다. 운동도 마찬가지고 음악도 마찬가지입니다. 마음을 다스리고 생각을 정리하는 일도 마찬가지입니다. 삶에 마스터가 어디 있나요? 찰나를 경험하는 즐거움이고, 그 찰나를 연결해 삶을 조탁해나가는 과정일 뿐이지요.

당신의 영혼의 운동은 무엇인가요? 내가 좋아하는 영혼의 운동을 하면 웬만한 정신과 약보다 훨씬 좋고 빠른 효과를 가져올 수 있습니다. 빨래하기, 정리하기, 노래 부르기, 드럼 치기, 춤추기, 걷기, 화초 키우기…. 하다 보면 내 삶에 일종의 '길나기'가 될 것입니다. 나를 살릴 작은 길이 하나씩 늘어날 것입니다. 길이 나도록 자주 하고, 생각이 머리를 지배할 때, 설명할 수 없는 감정이 가슴을 가득 채울 때, 영혼의 운동을 한 세트씩 수행하십시오.

인생의 심각함이 심각함으로 해결되나요?

제 이마에는 깊게 파인 주름이 있습니다. 강연할 때는 사람들이 제가 굉장히 유머러스하고 밝은 사람이라고 생각하지만 일상에서는 진지하다 못해 과묵하고 진중한 편입니다. 항상 뭔가를 골똘히 생각하고 있으니 이마에 깊은 주름이 생긴 것이지요. 그래서 사람들은 평소의 저를 보며 "왜 그렇게 인상을 쓰고 있느냐"고 묻습니다. 딱히 기분이 나쁘거나 심각해서 인상을 쓰는 게 아닌데, 사람들 눈에는 뭔가 문제가 생기거나 어려운 상황에 처한 것처럼 보이는 듯합니다. 어쩌면 오래된 습관일지 모릅니다. 살아남으려고 진지해졌다가 진중해졌다가, 이젠 모든 것을 심각하게 보는 모습을 갖추게 된 것입니다.

그런데, 여러분께도 묻고 싶습니다. 인생의 심각함을 심각함으로 해결할 수 있을까요? 당연히 아닙니다. 심각하게 생각한다고 해서 문제가 해결되는 것은 아닙니다. 오히려 기운은 다운되고, 에너지의 아우라는 회색빛으로 탁해지고 끈적끈적한 점액질이 됩니다. 웃음도 사라집니다. 맑고 가벼운 사람의 미소만 봐도 '그래, 좋을 때 많이 웃어둬라. 오래갈 것 같냐' 하는 비아냥거리는 마음만 남습니다.

슬픈 삶은 슬퍼함으로 해결이 안 됩니다. 아픔도 아파함으로 해결이 안 됩니다. 심각하고 진중하게 접근한다고 해서 난제가 해결되는 것이 아닙니다. 제가 드리고 싶은 제안은 이것입니다. 어처구니없더라도 피식 한번 웃으세요. 텔레비전이나 재미있는 동영상을 보면서 어처구니가 없어서라도 피식, 웃어보는 겁니다.

우리는 모두, 포유류입니다. 피식 한번 웃는 걸로 숨 한 번 쉬는 것입니다. 우리는 어류가 아니에요. 고래처럼 깊은 물속에 있다가도 한 번씩 숨을 쉬러 물 밖으로 올라와야 합니다. 돈이 없고 가난해서 죽는 시절은 서서히 저물고 있습니다. 이제는 정신의 숨을 쉬지 못해서 죽어갑니다. 그러니 중간중간 숨을 쉬기 위해, 깊은 곳에서 나와야 합니다.

심각하게 있지 마십시오. 심각하면 생각은 계속 부정적인 방향으로 흘러가게 되어 있습니다. 적절한 순간에 피식 한번 웃으며 정신을 환기하고 숨을 쉬어주세요. 심각하게 살면서 우리는 그게 어른이 된 것이라 오해하고 있는 걸지도 모릅니다. 제가 보기엔 어른이 된 것이 아니라 딱딱하게 굳어버린 것입니다. 유연하지 않고 말랑하지 않고 부드럽지 않은, 그저 딱딱함만 남은 것입니다. 사람들이 나이 먹었다고 그 사람을 기피하는 것이 아닙니다. 얼굴에 미소가 없고 딱딱하게 굳어 있어서 피하는 것입니다. 깊이 있고 따뜻하고 위트 있는 사람을 우리는 원로元老라 칭하며 존경합니다. 우리도 그렇게 같이 나이 들어가면 좋겠습니다.

가끔은 발아래를 비춰봅시다

국민학교, 중학교, 고등학교 세 곳을 전부 같이 나온 친구가 있습니다. 계속 소식을 모르고 지내다가 5년 전에 이 친구에게 문자가 한 통 왔습니다.

"창옥아, 나 제주도에서 너 강연 많이 챙겨 보고 있어. 참 힐링되더라. 근데 너 육지 사람들 힐링시켜주느라 정작 너는 못 쉬는 거 아니야? 너는 언제 쉬어? 힘들면 한번 제주 내려와."

연락이 끊겼던 친구들에게 종종 문자가 오곤 합니다. 그때마다 답장을 하는 게 쉽지만은 않더라고요. 어색하게 누가 먼저 끝내야 할지 모르는 문자가 오고가는 것도 불편하고, 피곤해서 답장을 까먹을 때도 흔합니다. 그렇게 이 친구의 문자도 답장을 잊고 지냈습니다. 그러다 한 달이 지나 "창옥아, 나 이번에 시골에 집을 올려. 나는 거기 토요일, 일요일만 가거든. 그러니까 네 집이라고 생각하고 제주 오게 되면 와서 지내"라는 문자가 도착했습니다. 그리고 또 두 달이 지나 "창옥아, 잘 지내니? 집 공사가 마무리 중이야. 힘들면 내려오라는 말 진심이니까 언제든 힘들면 내려와서 지내"라는 문자가 왔습니다. 이렇게 다섯 달 동안 매달 딱 한 통씩 문자가 왔습니다. 제가 부담스러워할까 봐 전화도 하지 않고, 답장을 받지 못한다고 화도 내지 않고요. 친구의 진심이 느껴져 제주도에 내려가게 되었을 때 연락을 하게 되었고 이후 계속 만남을 이어오고 있습니다.

어느 무더웠던 8월, 제주도에 내려가 친구와 밥을 먹고 깜깜한 시골 밤길을 운전하던 길이었습니다. 시원한 바닷바람을 맞으니 이런저런 인생 이야기가 절로 나오더군요. 친구에게는 이제 막 대학교에 들어간 딸이 있고, 전기감리 회사에서 오래 경력을 쌓아 지금은 꽤 높은 직급까지 올라간 상태였습니다. 그러다 언젠가는 양봉을 해보고 싶다는 이야기를 꺼내는 거예요. 친구의 새로운 도전에 제가 더 들

떴습니다. 그럼 지금 양봉 준비는 어떻게 하고 있냐, 양봉 유튜브는 많이 찾아봤냐, 네가 유튜브를 시작하는 건 어떠냐, 이참에 편집을 배워라, 필요하면 내가 도와주겠다…. 친구의 다음 프로젝트, 또 다음 프로젝트를 어깨를 들썩이며 떠들어댔습니다. 한참 듣고 있던 친구가 웃으며 말을 꺼냈습니다.

"창옥아, 난 너처럼 그렇게 생각이 많지가 않아. 난 그냥 낮에 일하고 저녁에 퇴근해서 조금씩만 해보려는 거야. 아내랑 시골집에서 두세 통 정도만 해보고 싶어. 돈 벌고 싶은 마음은 없고, 좋은 꿀 따서 나도 먹고, 주변 사람들도 나눠주고, 소일거리 삼아 한번 해보고 싶어서 가볍게 말해본 거야. 너도 나눠줄게."

친구의 이야기를 듣고 뒤통수를 한 대 탁 맞은 것 같았습니다. 이미 저 먼 미래까지 계획하고 상상하던 저를 제주의 텅 빈 도로 위 차 안으로 끌어왔습니다. 친구의 말처럼 저는 정말 생각이 많습니다. 어떤 일이 생기면 한 달, 6개월, 또 1년, 2년 앞으로 준비해야 할 일의 리스트들을 머릿속에 떠올립니다. 필요한 부분, 부족한 부분, 보완해야 할 부분, 일이 시작도 되기 전인데 마음은 저 멀리 내달려갑니다. 이런 지점이 저를 더 꼼꼼하게 만들기도 하지만 가끔은 저를 옥죄어 올 때도 많습니다. 종종 너무 많은 생각이 우리의 발목을 잡습니다. 불확실한 미래를 떠올리는 순간 걱정과 초조, 불안이 물밀듯이 밀려와 현재를 잊게 만듭니다.

손전등을 저 먼 곳에 비춰야 길이 보일 때도 있지만, 가까운 발아래를 비춰야만 넘어지지 않고 앞으로 나아갈 수 있는 순간도 있습니다. 친구가 언제든 제주에 내려와 쉬라고 했던 건 제가 자꾸 먼 곳만 비추고 있으니 손전등의 방향을 낮춰 스스로를 비춰보라는 말이었겠죠. 참 고마운 친구입니다.

번아웃이 온 사람에게

저에게도 찾아왔던 불청객이 있습니다. 바로, 번아웃입니다. 지금 번아웃에 빠진 분들에게 제가 하는 이야기가 위로가 될지는 모르겠지만, 저는 그럼에도 그분들께 꼭 드리고 싶은 말이 있습니다.

번아웃이 왔다면 당신이 그만큼 열심히 살아봤다는 증거입니다. 당신은 높은 산에 올라봤던 것입니다. 삶을 대강 살지 않았던 것입니다. 그러했기에 번아웃이라는 골짜기를 만난 것이지요. 산이 높을수록 골도 깊습니다. 마찬가지로 권태는 열정이 강했던 사람에게 깊이 옵니다. 권태의 사전적 의미는 '시들해져서 생기는 싫증'입니다. 다시 말해, '내게 의미가 있었던 일이 지금은 의미가 없다'는 뜻입니다. 나에게 큰 의미가 있던 일을 끝까지 해봤기 때문에 권태도 찾아오고 번아웃도 찾아옵니다.

또 기억해야 할 사실은, 깊은 골짜기에서 나는 나물이 맛도 좋고 영양도 좋다는 것입니다. 태백이나 강릉에서 먹는 나물이 기가 막히게 맛있습니다. 한번은 그 지역 토박이 분께 여쭤봤어요. 그분의 설명은, 이곳은 산도 높고 골도 깊어서 겨울이 아주 매섭기 때문에 그 겨울을 뚫고 나온 식물의 힘과 맛이 월등하다는 것이었습니다. 이렇게 온도차가 큰 곳에서 재배되는 과일도 굉장히 맛있습니다. 고랭지 배추도 맛이 좋기로 유명하지요.

번아웃이 올 만큼 열심히 산 사람은 깊은 산골짜기에 도달한 사람입니다. 열심히 살았고, 그것이 성취든 명예든 돈이든 목표를 좇아 위를 향해 올라간 것입니다. 그러니 내려올 때 온도차와 기압차가 큰 것이지요.

먼저, 열심히 살아온 자기 자신에게 박수를 보내세요. 그리고 당연히 두려움이 따라올 것입니다. 이전처럼 열정이 찾아올까? 내가 이 고비를 넘길 수 있을까? 내가 견딜 수 있을까? 만약 불꽃이 열정이었다면, 지금은 숯불이 된 것입니다. 비싸고 등급 좋은 고기는 숯불에 굽지 싸구려

가스버너 불에 굽지 않습니다. 지금 당신은 좋은 숯이 되어가고 있는 것입니다. 그러니 두려워하지 마십시오.

두려움은 그저 잘 그려진 가짜 방지턱에 불과합니다. 실제 존재하지 않습니다. 주의는 하되 필요 이상으로 두려워할 필요가 없습니다. 지나가면 그때 비로소 가짜 방지턱이라는 사실을 알게 될 것입니다. 저도 많이 넘어 오고 있습니다.

숨을 쉬며 살아야 합니다

자신에게 주어진 역할에 충실하게 임하며 사는 사람이 있습니다. 아들 역할, 엄마 역할, 며느리 역할, 친구 역할, 동료 역할, 가장 역할, 팀장 역할. 정말 잘 맞춰서 합니다. 때에 맞춰 목소리도 바꾸고, 캐릭터도 바꿔가면서요. 그러다 혼자 있을 때는 털썩 뻗어버리죠. 자기가 고갈되는 것입니다. 남에게 계속 맞춘다는 것은 자기 숨의 템포가 없다는 것을 의미합니다. 숨이 계속 어긋납니다. 호흡이 엉키다가 결국 공황장애가 옵니다.

싫을 때는 하기 싫다고, 보고 싶을 때는 보고 싶다고, 쉬고 싶을 땐 쉬고 싶다고, 불편할 땐 불편하다고 하면서 역할을 해내야 그나마 숨을 쉴 수 있습니다. 그런데 '아들이니까. 가장이니까. 엄마니까. 팀장이니까…' 하면서 무엇이든 통제하고 잘해내려 할 때 자꾸 숨에 엇박자가 납니다. 그렇게 사는 삶은 결국 억울해서 보상만 찾게 됩니다. 삶의 의미를 찾기보다 쇼핑하고 여행하고 술 마시고 게임을 하며 순간적인 보상에 집착합니다.

제가 지난 몇 년 동안 한 선생님 작업실에서 작업을 배우고 있습니다. 작업을 하다 보면 쓰레기가 생기는데요. 전기톱을 사용하는 것이라 앞에 먼지며 재료 부스러기며 엄청나게 많이 쌓입니다. 그럴 때 에어건으로 불면, 순간 깨끗해집니다. 그런데 내 앞에서만 깨끗해진 것입니다. 먼지들이 사라진 것이 아닙니다. 쓰레기들이 이곳에서 저곳으로 이동한 것뿐입니다.

청소를 하려면 청소기로 흡입을 해야 합니다. 모아서 쓰레기봉투에 담아 문밖에 내다 버려야 합니다. 그런데 억울해서 보상을 찾는 건, 눈앞에서 바람으로 불어버려, 문제와 수많은 감정을 이쪽에서 저쪽으로 옮겨놓는 것에 불과합니다. 그러고는 당장 눈앞에는 안 보이니 문제가 해결됐다고 생각합니다. 사실은 더 깊은 구석으로 들어가 버린 것인데 말이죠.

그러니 너무 완벽하게 해내려 하지 마십시오. 내 고유의 숨을 쉬어야 합니다. 나를 찾는 훈련을 자꾸 뒤로 미루려 하지 마십시오. 그래야 내 삶도 살고 다른 사람과도 함께 살 수 있습니다. 지금 잘해내려 애쓰는 그 역할을 오래 지속할 수 있습니다.

늘 말씀드리지만 저의 이야기는 정답이 아닙니다. 그저 제가 소개해드리는 것을 가지고 스스로 방향성을 가지고 실험해 보시면 좋을 것 같습니다. 쓸데없는 짐을 내 영혼에게 지라고 할 필요가 없습니다. 우리 인생은 너무 소중하고, 우리는 그렇게 길지 않은 생을 살기 때문입니다. 우리가 누구이든, 형편이 어떠하든, 어느 자리에 있든, 잘 살아야 할 것 같고 그래서 잘 사는 것에 대해서만 생각하는데, 그것보다 내가 소중하다는 것을 잊으면 안 됩니다. 내가 숨을 쉬어야 살 수 있다는 자명한 사실을 기억해야 합니다.

크게 불꽃을 피우고 금방 꺼지는 존재보단 작은 불꽃으로 은은하게 오래 빛을 발하십시오.

열전도 법칙

스스로를 사랑하고, 있는 그대로의 자신을 인정하고 아껴주는 연습을 하고 있다는 분을 만났습니다. 자신의 문제를 깨닫고 훈련하는 과정은 좋지만, 이 시간이 너무 길어질까 염려가 된다고 하셨어요. 내면의 에너지를 끌어올리는 작업에 대해 조언을 구해서, 열전도 법칙을 말씀드렸습니다. 간단합니다. 고온부에서 저온부로 열에너지가 전달되며 두 온도가 평행을 이루려는 현상이지요. 뜨거운 물과 찬물을 섞으면 미지근한 물이 되는 것처럼요. 이처럼 온도가 다른 두 물체가 서로 접촉하면 뜨거운 것은 차가워지는 방향으로, 차가운 것은 뜨거워지는 방향으로 움직이는 것이 열전도 법칙이에요.

스스로 에너지를 채우는 자가발전을 하기 어렵다면 내가 원하는 에너지, 내가 원하는 열을 가진 사람 또는 콘텐츠 옆에 붙으세요. 거기에 계속 노출이 되면 어느 날 신비롭게 나에게 그 에너지가 다가와 있어요. 제가 대학생 때 은사님을 뵙고는 '와, 내가 저분과 동시대를 살고 있다니' 하며 너무 영광스럽다고 생각했어요. 그런데 어느 날 제 강연 영상 댓글에 '당신과 동시대에 살아서 너무 고맙다'고 적혀 있었어요. '내가 은사님 옆에 붙어 있었더니 그 열이 나에게 전달됐고, 나를 통해서 또 누군가에게 가는구나' 하고 생각했습니다. 그러니 자가발전을 원한다면, 자가발전을 할 수 있기 전까지는 강력한 에너지 옆에 계세요. 누군가 저에게 동시대에 살아 감사하다고 말해주었을 때, '나 대단하다' 이렇게 생각하지 않았습니다. '내가 은사님으로부터 받은 것들이 나를 통해서 저 사람에게 갔구나. 내가 그 통로가 되었구나' 하고 감사했습니다.

저라는 사람은 그저 수많은 가지 중에 하나일 뿐입니다. 여러분도 좋은 에너지 옆에서 혜택을 받으세요. 나중에는 하나의 통로가 되어 누군가에게 그 혜택을 나누어줄 수 있는 사람이 될 것입니다.

인간관계에도 계약은 필요합니다

모든 관계는 만남과 이별이 있습니다. 그런데 우리가 너무 잦은 이별과 거부를 경험하면, 강력하게 '영원한' 만남을 꿈꾸는 것 같습니다. 어린 시절 양육자로부터 깊고 안정적인 사랑을 받지 못하면, 그 외의 관계에서 깊이 있고 끈끈하고 안정적인 사랑을 기대합니다. 하지만 저는 누군가와 인연이 됐다가 헤어질 때, 그 사람이 나를 배신하고 떠난 것이라고 생각하지 않습니다. 그 사람이 진심으로 잠시 머물다가 자신의 자리로 돌아갔다는 생각이 듭니다. 그러니 정말 진심이었을 그 한순간을 고맙게 받아들이면 됩니다.

그런데 우리는 사랑이 영원하지 않으면 화를 냅니다. 어쩌면 영원한 사랑의 근원은 사실 양육자에게서 받아야 할 무조건적인 사랑일지 몰라요. 또는 신에게서 받아야 할 사랑일지도요. 내면에 근본적인 구멍을 가지고 있으면, 다른 사람으로부터 그 구멍을 채우려 하고, 그것이 마음처럼 안 되면 필요 이상으로 상처받고 아파합니다. 그러니 사람을 대할 때는 전폭적으로 신뢰하지도, 영원함을 목표로 하지도 않으셨으면 좋겠습니다. 그저 진심인 순간에 대한 감사함만 남겨두시면 좋겠습니다.

제가 한번은 판사를 대상으로 강의를 한 적이 있습니다. 미국이나 유럽의 판사는 한국의 판사보다 일하는 양이 적다고 합니다. 왜냐하면 미국과 유럽은 서로 계약을 할 때 반드시 계약서를 쓰고 공증을 받는다고 해요. 인생의 일이라는 게 계약서를 써도 계약대로 안 되는 일이 많습니다. 누구의 잘잘못 문제라기보다는 상황이나 환경 때문에라도 그렇게 될 수 있습니다.

그런데 한국은 그 계약서마저도 잘 쓰지 않는다고 합니다. 연예 매니지먼트 쪽만 해도 구두로 계약할 때가 많아서 "나 믿고 따라와", "잘되면 내가 섭섭하지 않게 대우해

줄게"라는 식으로 일을 시작합니다. 사실, 잘 안 되면 문제가 안 됩니다. 그런데 잘되면 문제가 됩니다. 수익이 생기면 세부적인 계약 내용이 없으니 복잡해지기 시작합니다. 계약서가 있으면 그대로 하면 되는데, 그게 없이 서로 마음속으로 생각하는 계산법이 따로 굴러가고, 애매해지고 섭섭해지고 감정 싸움으로 번집니다.

'계약'과 '정情'은 상반된 개념이 아닙니다. 계약서를 쓰는 게 인간미 없다고 생각하는데, 아닙니다. 계약서를 써야 계약서가 그 둘의 관계를 지켜줍니다. 얼굴 붉힐 일이 줄어듭니다. 분쟁이 생겨도 빨리 끝납니다. 계약서를 안 쓰니 문제가 생기고, 결국 법정으로 옵니다. 문서도 녹취도 없으니 법리 판단이 너무 길어지는 거예요. 그래서 한국의 판사가 일이 많다는 것입니다. 입증할 수 없으니 2차, 3차, 4차까지 판결이 늘어지고 그 과정에서 감정 상하는 일이 너무 많이 생기는 것이지요.

사람 관계도 마찬가지입니다. 사람 관계에도 분명하게 해야 할 것은 분명하게 해둬야 합니다. 기분 상하지 않는 선에서 서로 영역을 지켜줄, 보이지 않는 관계의 계약서가 필요합니다. 정 없는 것이 아닙니다. 관계를 더 건강하고 오래 지속하기 위해서입니다.

그러니 영원한 관계를 꿈꾸며 사람에게 너무 의지하지 마십시오. 가족이든 연인이든 적당한 거리가 필요합니다. 우리는 사랑에 목말랐을 때 과하게 집중합니다. 사람에게는 너무 의지하지 마십시오. 특히 내가 홀로 서 있기 힘들다 판단될 때는 더욱더요. 사람은 그저 사랑하고 모자라면 감싸주고 실수하면 덮어주는, 그런 대상이라고 생각합니다.

당신은 메밀꽃을 닮았습니다

코로나가 기승을 부리기 전에 제주 메밀밭에서 사람들을 초대해 강연을 한 적이 있습니다. 제가 제주에서 지내는 곳이 메밀꽃 축제가 열리는 보롬왓 근처라 눈꽃처럼 피어난 메밀꽃을 매년 마음껏 감상할 수 있습니다. 저에게 그곳은 고향 같은 곳입니다. 고향은 태어난 곳만 의미하지 않습니다. 고향은 내가 살고 싶어 하는 곳이에요. 고향은 내가 만나고 싶어 하는 사람들이에요. 고향은 내가 하고 싶어 하는 일이에요. 제가 살고 싶은 곳에서 제가 좋아하는 분들을 모시고 제가 좋아하는 강연을 한 것이죠.

제주도는 농산물을 재배하기에 그리 좋은 조건은 아닙

니다. 화산섬이라 흙에 돌이 많아 물이 쉽게 빠져서 식물들이 뿌리를 내리기 어렵습니다. 그런데 메밀은 뿌리를 단단하게 내려 제주도 곳곳에서 잘 자랍니다.

척박한 땅에서도 메밀같이 잘 자라는 사람이 있습니다. 태어나보니, 바람이 한번 불면 매섭고, 영양분도 부족하고, 돌도 많은 땅에 내가 싹을 틔웠구나 알아차렸을 수 있습니다. 엄마 아빠 사이가 좋지 않거나, 가난하거나, 다른 특별한 이슈가 있는 가정에서 태어난 사람이 있어요. 여러분은 어떤 땅에서 태어나 뿌리를 내리셨나요? 정서적으로, 경제적으로 성장하기에 좋은 땅이었나요? 아니면, 태어나보니 물을 대기 힘든 그런 척박한 땅이었나요?

전해지는 이야기로는 고려 시대에 몽골군이 제주도 전역에 메밀을 심어놓고 갔다고 합니다. 바로 제주도 사람들을 몰살시키기 위함이었다고 해요. 메밀에 있는 독성이 사람들을 해치게 할 거라 생각한 거죠. 하지만 우리의 지혜로운 조상들은 많은 메밀을 기르고 또 먹었지만 오히려 건강해졌습니다. 메밀에는 '살리실아민'이라는 독성 물질이 있는데 적당량을 잘 익혀 먹으면 문제가 되지 않아요. 메밀의 좋은 효능만을 살려 피가 맑아졌고 소화도 잘 되었고요. 심지어 메밀밭 옆에는 넓은 무밭을 만들었습니다.

무는 해독 작용이 있어서 메밀과 궁합이 아주 좋습니다.

독이 될 수 있는 음식도 제대로 알고 먹으면 약이 되는 것처럼, 존재 자체만으로는 독과 약을 구분할 수 없습니다. 나와의 궁합에 따라 독인지 약인지 판단할 수 있을 뿐입니다. 나에겐 최악의 상사가 다른 이에겐 최고의 선배일 수도 있고, 나에겐 눈에 넣어도 아프지 않은 사랑스러운 아이가 누군가에겐 미움의 대상일 수도 있습니다. 나 자신조차도 누군가에게는 '좋은 사람' 카테고리에 있지만 또 누군가에는 '별로인 사람'으로 치부될 수 있습니다. 그러니 타인을 좋은 사람, 나쁜 사람으로 내 입장에서만 섣불리 단정 짓지 마십시오. 멀리하고 미워하고, 시쳇말로 '손절'하기 전에 '어쩌면 저 사람은 나와의 궁합이 나쁜 것일 수도 있다'라고 한번 객관화해서 생각해보는 것도 좋을 것 같습니다.

그리고 이미 독성이 있는 관계를 이루었다면, 메밀과 무처럼 그 관계를 중화시키는 존재를 찾으세요. 독성이 있는 아버지를 만났을 수 있어요. 독성이 있는 어머니, 독성이 있는 옛 연인, 독성이 있는 친구…. 하지만 우리가 비록 척박한 땅에 심겨진 메밀이라 해도, 그 옆 넓은 무밭을 만나 독성을 중화할 수 있습니다. 내게 주어진 환경을 바꾸기란 쉽지 않지만, 그 이후의 삶에서 내가 무엇을 가까이 하는지, 어떤 사람을 곁에 두는지, 어떤 일을 하며 내 소중한 시간을 채우는지는 내가 결정할 수 있습니다.

메밀꽃은 1년에 두 번 핍니다. 5월쯤, 10월쯤. 5월에 제주도에 가면 메밀밭에 하얀 꽃이 가득 피어 5월의 크리스마스가 됩니다. 소박하고 하얗게, 그리고 넓고 넓게 퍼져나가며 피어나는 메밀꽃 같은 사람이 되십시오. 척박한 땅에서 꽃을 피우는 당신을 응원합니다.

모두를 환대하는 곳

서울과 제주를 오가며 생활한 지 5년 차가 될 때까지 제주에 정착할 곳을 찾지 못했습니다. 정붙일 곳을 찾지 못하다 서귀포 보롬왓 끝자락에 머물러본 후 이곳에 정착하기로 마음먹었습니다. 풍광이 아름답고 잠시 앉아 있기만 해도 평화롭기 때문이기도 했지만, 이 동네에서는 그 어떠한 텃세의 기운을 느끼지 못했다는 이유 또한 컸습니다.

어떤 장소를 방문하면 서로 구획을 나누고 '내가 여기 주인인데'라는 분위기를 사방에서 풍기는 곳이 있습니다. 특히 서울에서 지낼 때 이런 느낌을 자주 받았습니다. 어느 카페를 가도 내 자리를 사수하기 위해 재빠르게 움직여야 하고, 같은 건물에 새로운 사람이 이사를 오면 일단 경계를 하게 됩니다. 사람은 많고 내 영역은 좁기 때문에 생기는 일이죠. 이런 곳에서는 편안한 휴식을 취하기 어렵습니다. 다른 사람에게 내 자리를 뺏기지 않도록 지켜야 하니까요.

하지만 보롬왓에서는 아무도 이곳이 나의 자리라고 주장하지 않았습니다. 주민분들은 낯선 저를 따뜻하게 반겨주었고, 어떤 사람이 오건 어떤 동물이 오건 늘 그 자리에 있던 것처럼 대해주었습니다. 숲에서 들려오는 새소리, 떠오르는 태양, 시원한 바람을 온전히 누릴 수 있었습니다. 누구와도 경쟁하지 않고 내가 딛고 서 있는 지금 이 순간, 이곳을 천천히 감각할 수 있었습니다.

오랜 시행착오 끝에 보름왓에 마음을 정착할 수 있었습니다. 만약 당신에게 아직 그런 장소가 없다면, 가끔은 일부러 시간을 내어 깊은 자연 속에 머물러보세요. 자연은 누구의 소유도 아닙니다. 숲길을 걷다 바위에 걸터앉아 쉬고 있어도, 이곳은 내 자리이니 비켜달라 말하지 않습니다. 그러다 그곳에서 누군가를 만난다면 넉넉한 마음으로 옆자리를 내어주면 좋겠습니다. 우리 모두 아주 잠깐 지구를 빌려 쓰고 있다는 사실을 다시 한번 기억하면서요.

상처받고 배신당하는 일은
늘 내 몫인 사람에게

돌이켜 생각해보니 내가 그 사람들에게 이용만 당했구나 깨달을 때가 있습니다. 이 생각에 매몰되면 순수하게 저에게 다가오는 사람까지 다 의심하고 경계하게 됩니다. 저도 그런 생각을 한 적이 있었으나, 이내 생각을 바꿔봤습니다.

'아. 내가 이용할 가치가 있구나. 내가 잘 살아왔고, 누군가가 이용할 만한 거리를 쌓아왔구나.'

이건 제 스스로 긍정적으로 바라보려는 정신승리가 아니라 팩트라고 생각합니다. 내가 살아온 시간에 충실함과 노력과 실력이 있기 때문에 누군가는 저를 이용하려 든 것입니다. 사기꾼이 관심 없는 사람은 첫째, 사기 칠 매력이 없는 사람, 둘째, 삶이 안정적인 사람입니다. 사기꾼들이 귀신같이 알아챕니다. 저 사람은 사기 칠 건더기가 없는 사람이다, 저 사람은 삶이 너무 균형 잡힌 사람이다, 라는 것을요.

여기에서 우리가 한번 생각해볼 부분이 있습니다. 자꾸 이용을 당하면, 우리는 사람이 싫어지고 나 자신이 싫어집니다. 자꾸 당하는 내가 멍청이 같고 바보 같아서 자책을 하게 됩니다. 혹시, 화투나 카드게임, 보드게임을 해보셨나요? 그런 게임을 할 때 머리에 헬멧을 쓰고 있는 사람이 있다고 상상을 해보세요. 내 손에 쥔 패가 헬멧의 투명한 가리개에 비쳐서 상대방에게 다 보일 거예요. 그럼, 이건 누구의 잘못일까요?

어쩌면 내가 그 사람의 나쁜 마음을 끄집어낸 것일지도 모릅니다. 내 패를 내가 다 보여준 것이죠. 내 패를 다 보여주지 않았다면 그 사람은 나를 이용할 수 없었을 것입니다. 내 잘못이라고 하는 이야기가 아니에요, 내가 이용당한 건 내 탓이라고 하는 이야기가 아닙니다. 절대로 자책하지 마세요. 하지만 우리는 상대와 상황을 모두 파악해야 적과 싸울 수 있습니다. '왜 내 주위에 이런 나쁜 사람들만

꼬이지?'라는 의구심이 들 때가 있다면, 내가 헬멧을 쓰고 게임을 하고 있는 것은 아닌지 점검해볼 필요가 있음을 말씀드리는 것입니다.

때론, 그 사람과 나의 합작품일 때가 있기 때문입니다. 그러니, 헬멧을 벗고 게임을 하면 좋을 것 같습니다. 나를 이용하려 드는 사람을 먼저 살피지 말고, 나의 패, 나의 결핍, 나의 취약점이 너무 드러나 있는 건 아닌지 한번 점검해보셨으면 좋겠습니다.

마음의 귀가 다친 사람들

한번은 막내누나와 식당에 갔습니다. '띵동' 하고 종업원을 부르는 벨을 누르자 종업원이 "예, 손님" 하고 대답했습니다. 그러자 누나가 눈을 동그랗게 뜨며 "예수님? 여기 크리스천이 하는 가게야?" 하고 묻더군요. '예, 손님'이 '예수님'으로 들렸던 것이죠. 누나는 목사님 아내거든요. 누나가 제일 많이 듣는 단어가 '예수님'이니까 그렇게 '예, 손님' 소리도 '예수님'으로 들었던 것입니다.

자신의 소리가 강한 사람은 자기가 아는 단어로 소리를 듣습니다. 상대가 이야기한 것을 정확히 듣지 못합니다. 누가 무슨 소리를 해도 내가 많이 쓰는 단어, 내가 많이 듣는 단어, 내가 많이 생각하는 단어로 듣습니다. 그래서 소통이 어긋나기 시작합니다.

때로 마음의 귀도 몸의 귀와 같습니다. 마음의 귀가 안 들리는 것은, 상대가 무슨 소리를 하든 나는 내가 생각하는 대로 믿기로 작정하는 것을 말합니다. 상대의 말을 곧이곧대로 듣지 않고, 말 속 진짜 의미를 파악하려 하지도 않습니다. 그냥 '나는 상처받겠어' 하고 마음이라도 먹은 것처럼 해석하는 사람이 있습니다. 그런 사람은 마음의 귀가 들리지 않는 것입니다. 안 들리고, 안 듣고 싶습니다.

어떤 사람은 안 들려도 너무 안 들립니다. 잘 안 들리면 자연스럽게 목소리가 커지는 법입니다. 식당이건 지하철 안이건 자기가 은퇴하기 전에 얼마나 잘나가는 사람이었는지 주변 사람들에게 생중계하는 사람이 있습니다. 그 사람이 특별히 나쁜 사람이라거나 매너가 부족한 사람이어서가 아닙니다. 자기가 뭐라고 하는지, 자신에게 안 들리는 것입니다. 안 들리니 크게 말하고 과하게 말합니다.

반대로 유난히 잘 듣는 사람이 있습니다. 아니, 유난히 잘 들리는 사람이 있습니다. 그런 사람은 기분이 빨리 상합니다. 사람의 말투, 억양, 하물며 눈빛이나 태도에서까지 소리를 듣고 알아챕니다. 이 사람이 겉은 친절하지만 나를 형식적으로 대하고 있는지, 이 사람은 겸손하게 말하는 것 같지만 나를 무시하고 있는지…. 민감하게 잘 듣습니다. 이렇게 유난히 잘 들리는 사람은 조금 전에 만났던 그 사람의 말투와 행동까지 전부 복기하느라 잠도 잘 못 잡니다. 생각할수록 불쾌해서 밤을 꼴딱 새우기 일쑤입니다. 너무 잘 들리는 사람, 너무 잘 보이는 사람은 정신의 문제가 올 확률이 꽤나 높습니다.

여러분은 어떤 귀를 가지셨나요? 너무 잘 들리나요? 아니면 잘 들리지 않나요? 무던한 사람은, 적당히 잘 못 듣는 사람인 것 같습니다. 누가 조금 불친절한 말투로 말해도 그런가 보다 합니다. 괜히 자기 영혼에 상처 입히지 않습니다. 그래서 정신적으로 건강하고 잠도 잘 잡니다.

저처럼 귀가 아파서 잘 들리지 않으면, 병원에 가서 진찰을 받아야 합니다. 마음의 귀도 마찬가지입니다. 소통의 지점을 잘 찾지 못한다면, 그래서 주변 사람들이 나 때문에 힘들어하고 나도 내 마음의 소리가 잘 들리지 않아 괴롭다면, 방치하면 안 됩니다. 마음의 귀를 고치기 위한 치료법을 꼭 찾아 나서길 바랍니다.

감정에서 빠져나오는 방법

혼자 보는 일기장에도 거짓말을 적을 때가 있습니다. 나의 구질구질하고 약한 모습을 인정하고 싶지 않을 때 자신마저 속이는 거죠. 괜찮은 척, 아무렇지 않은 척.

기도할 때 신을 만나고 싶으면 두 가지 기술을 기억하면 된다고 합니다. 첫 번째, 짧게 하라. 두 번째, 거짓말하지 마라. 자기 자신을 만나는 방법도 비슷합니다. 내 감정을 빙빙 둘러대며 꾸미지 마세요.

모든 걸 놓아버리고 싶고, 무기력하고, 부정적인 감정들이 한꺼번에 휘몰아칠수록 그 감정을 솔직하게 표현하는 연습이 필요합니다. '나 너무 지쳐', '초조해', '다 망한 것 같아', '창피해', '못할 것 같아'…. 내 안에 있는 감정들에 핑계를 대거나 변명하지 않아도 괜찮아요. 혼자 보는 일기장에 끄적여도 좋고, 기도를 해도 좋고, 가장 가까운 친구에게 털어놔도 좋습니다. 언제나 내 말을 묵묵히 들어주는 식물에게, 반려동물에게, 상담 전문의에게 들려주는 것도 건강한 방법이겠죠.

사람 마음이 진짜 건강해지려면, 그 사람의 문제를 해결해주는 누군가가 아니라, 그 사람의 문제를 가공하지 않은 채 솔직하게 말할 수 있는 누군가가 있을 때라고 합니다. 내 감정을 포장하지 않고 원초적인 단어를 써서, 그 말이 비록 유치하고 멋있지 않을지라도 입 밖으로 꺼낼 때, 사람의 마음은 자연스럽게 건강해집니다.

감정에서 나와야 감정에게 말도 걸 수 있습니다. 그렇지 않으면 감정에 빠져 헤어 나오지 못하고 후회할 말과 행동들을 훨씬 많이 하게 됩니다. 나를 갉아먹는 감정에서 벗어나는 방법은 그 감정을 거짓 없이 끄집어내어 타인에게, 혹은 사물에게, 그리고 자신에게 말해보는 것입니다. 오늘, 그 대상을 한번 정해보시면 좋겠습니다. 가까운 사람이 있다면 더없이 좋겠지만, 꼭 사람일 필요는 없으니까요.

자녀의 날씨가 화창하길 바란다면

"좋은 사람이라기보다는 나와 맞는 사람." 가수 이효리 씨가 방송에 나와 배우자 이상순 씨에 대해 표현한 말입니다. 본인은 화도 많고 감정 기복도 심한데 이상순 씨는 감정 기복도 없고 화도 잘 내지 않는다고 설명했습니다. 그 이유로, 이효리 씨는 "상순 오빠는 살면서 부모님이 싸우시는 모습을 한 번도 보지 못했대요"라고 덧붙였습니다.

아이가 부모님이 싸우는 모습을 한 번도 보지 못하고 자라는, 그런 가정이 실제로 존재한다는 건, 사실 저로서는 믿기 힘들 정도로 충격적인 사실이었습니다.

사람들은 흔히 이혼하고 싶지만 이혼하지 못하는 이유

를 '자식 때문'이라고 말합니다. 자식 때문에 억지로 산다고. 하지만 저는 부모가 이혼해 한부모 가정으로 자란 아이의 정서 문제보다, 이혼하지 않고 같이 살면서 계속 싸우고 상대를 비난하는 말을 듣고 자란 아이의 정서 문제가 훨씬 더 심각하다고 생각합니다. 그러니 '아이 때문에 산다'는 말씀은 마십시오. 그런 말씀을 하실 거라면, 아이 앞에서는 싸우지 마십시오. '아이 때문에 산다'는 말을 할 거라면, 싸울 일이 있어도 아이 앞에서는 티 내지 마시고, 자녀의 눈을 마주치고 웃어주세요. 이 정도 연기도 못 하실 정도라면 이별하는 것이 나을 수도 있습니다. 정말로 아이를 위하신다면요.

정말 큰 문제는, 이혼이나 이별, 다툼이 아닙니다. 싸움을 하고 아이에게 미안하다는 말이나 상황 설명도 없이 넘어가는 것이 더 큰 문제입니다. 그런 언급 없이 넘어가면 문제가 하나 생길 것이 두 개, 세 개, 네 개, 다섯 개로 도미노 현상을 일으킬 수 있습니다. 만약 아이 앞에서 다투셨다면, 적절한 타이밍에 아이와 이야기를 나눠야 합니다. 구구절절 간증하듯이 말하라는 것이 아닙니다. '이런 일이 있었는데, 그래서 엄마 아빠 의견이 이랬는데, 그래서 이렇게 되었다. 네 앞에서 이런 모습 보여서 미안하고, 싸워서 미안하다.' 이 정도면 충분합니다.

이런 사과와 설명도 없이, 유야무야 넘어가는 것도 모자라 아이에게 엄마 욕이나 아빠 욕을 하는 부모도 많습니다. 아이는 자신의 자존의 근원을 엄마와 아빠에게 반반씩 받습니다. 내 반쪽이 나머지 반쪽을 자꾸 무시하고 비난하고 비판한다면 어떻게 될까요? 아이의 정서는 혼돈의 세상에 머물게 됩니다. 내 존재를 부정당해, 어느 순간 스스로를 부정하게 됩니다. 자신의 기질에 반하는 행동을 하거나, 깊은 우물 속에 들어앉게 됩니다.

저도 부모님의 반복적인 싸움을 보고 자랐습니다. 당연히 눈치를 많이 보게 됐지요. 사람들이 종종 제 눈이 고라니 눈을 닮았다고 합니다. 사슴처럼 크고 맑은 눈이라는 칭찬일 수도 있지만, 저는 제 눈이 부스럭 소리만 나도 얼른 도망가는 고라니를 닮았다고 생각합니다. 맞습니다. 저는 문제가 생기면 도망가곤 했습니다. 너무 놀랐으니까요. 제가 해결할 수 없으니까요. 저 때문인 거 같으니까요. 무서우니까요. 도망가는 일 외에 제가 할 수 있는 일은 없다고 생각했습니다.

가끔 그런 상상을 해봅니다. 친밀한 부모 아래서 자랐다면 나는 어떤 정서를 가진, 어떤 사람으로 컸을까 하고요.

저에겐 아직 치료되지 않은 문제가 있습니다. 불안. 저는 평온이 불안하고 행복이 불안합니다. 곧 뭔가가 터질 것만 같습니다. 평온과 행복이 이렇게 유지될 리 없으니까요. 제가 살아온 세상은 그랬으니까요.

엄마와 아빠가 사이좋은 모습은 최고의 유산입니다. 아이의 기억 속에서 계속 살아 있습니다. 유전자와는 또 다른 '기억의 대물림'입니다. 엄마와 아빠가 서로 존중하고 사랑하며 사는 모습, 다정한 아빠와의 기억, 따뜻한 엄마와의 기억…. 이런 것들이 아이의 삶을 지탱해줍니다. 튼튼하고 안정된 기반이 되어줍니다. 그리고 그 후 자손들에게까지 이어져 반드시 상속됩니다.

아이에게 있어 오늘 하루의 날씨는 부모의 친밀도입니다. 오늘 우리 아이의 날씨는 맑음입니까, 흐림입니까, 계속 비입니까?

사랑받아본 적 없는 사람을 사랑하는 법

모두가 사랑을 많이 받고 자라면 좋겠지만 삶은 그렇게 녹록하지 않습니다. "제가 사랑하는 사람이 사랑받아본 적 없는 사람이라면, 그 사람을 사랑해도 될까요?" 하고 묻는 분이 계셨습니다.

이건 법칙으로 생각하십시오. 물리화학 법칙입니다. 부모나 양육자로부터 사랑받아본 적 없는 사람이라면, 즉 따듯한 온기를 받아본 적 없는 사람은 당연히 차갑고 얼어 있고 굳어 있을 것입니다. 이것을 녹이려면 서서히 계속 열을 가해야 합니다.

너무 추웠다가 갑자기 따뜻해지면 얼었던 손등이 터져

버립니다. 그러니 갑자기 강한 열을 주지 마세요. 때로는 사랑한다는 표현보다 사랑을 느끼게 해주는 것이 더 좋습니다. '서로 사랑하라'는 말은 짧지만 무척이나 어려운 말입니다. 이 책의 시작에서도 말했듯이, 그저 조금 더 예의 바르게, 조금 더 친절하게, 조금 더 존중하는 마음으로 다가가십시오. 얼린 고기를 해동도 하지 않고 불에 올리면 겉은 타버리고 속은 여전히 땡땡하게 얼어 있습니다. 은은하게 오래, 자연 해동하듯 그 사람을 감싼 공기가 따뜻해질 수 있도록 해주십시오. 그러면 변할 것입니다. 따뜻하고 말랑말랑하고 포근포근해질 것입니다.

사랑은 배울 수 있습니다. 하지만 그 사람이 사랑을 받지 못한 시간과 방치된 시간만큼 은은하게 오래, 온기를 주셔야 합니다. 사랑의 문제가 아니라 물리화학 법칙입니다. 그 결심이 서는 사람이 계신다면, 그 사람을 사랑하십시오. 만약 그런 각오가 생기지 않는다면, 다시 생각해보는 것도 권하고 싶습니다.

너무 몰라도, 너무 알아도
긴장하는 당신에게

결혼할 때 긴장을 합니다. 결혼이 마냥 즐겁나요? 결혼하기 일주일 전에 갑자기 결혼 못 한다고 도망가는 사람도 있습니다. 새로운 삶에 대한 두려움 때문이죠. 너무 겁이 나는 겁니다. 만약 엄마 아빠가 행복한 결혼 생활을 하고, 주변에 행복하게 사는 부부를 봐왔다면, 덜 두려웠을 겁니다. 사람들은 모르는 길을 갈 때 긴장을 하니까요. '결혼하면, 다 이렇게 행복하게 사는 거구나.' 이런 길을 봐왔다면, 아마 긴장이 덜 됐을 겁니다. 아는 길을 가는 것처럼요.

하지만 반대로 너무 많이 알아도 긴장을 합니다.

사람이 질서, 규칙을 알게 되면 그것을 지켜야 한다는

강박관념이 생깁니다. 텔레비전이나 유튜브 부모교육프로그램을 보면 좋은 부모가 되기 위해서 지켜야 할 것들이 자주 등장합니다. 부모는 그걸 보면서 '아, 이렇게 해선 안 되는구나', '아, 내가 아이의 자존감을 떨어뜨렸구나', '내가 아이에게 너무 막말을 했구나. 이건 좀 조심해야지' 합니다. 그런 콘텐츠를 볼수록 지켜야 할 것이 더 많아지는 것입니다. 그러면 부모는 자기도 모르게 긴장하기 시작합니다. 몰랐을 때는 긴장을 안 했는데, 알면서 더 긴장을 하는 겁니다. 조심하려고요. 저도 강연 모니터링을 하면, 지킬 것이 늘어갑니다. 실수했던 부분을 돌아보면서, 이렇게 하지 말아야지 할수록 강의할 때 경직되는 제 자신을 느낍니다.

긴장의 결과는 무엇일까요? 그것은 통증이라고 생각합니다. 긴장한 삶에 어떤 식으로든 통증이 옵니다. 긴장한 줄도 모르고 긴장한 채 강의를 했던 저에게 디스크가 찾아온 것처럼요. 통증은 사인이라고 전문가들이 얘기했습니다. 통증을 고통이라고 생각하지만, 그것은 신호입니다. 우리의 삶이 우리에게 주는 신호입니다. 저는 디스크의 신호로 제 강의 전반을 돌아보는 계기가 되었습니다. 디스크를 앓기 전과 후의 제 강의를 보면 많이 다르다는 것을 아실 겁니다. 훨씬 편해졌지요. 많이 놓은 채 강의를 하니, 강의가 더 재미있고 좋아졌습니다.

힘든 결혼은 이혼이라는 통증을 낳습니다. 결혼이 힘든 이유는 상대방이 나빠서 그럴 수도 있습니다. 그러나 사실 결혼이 힘든 이유는 내가 보고 싶지 않은 내 모습을 상대방을 통해서 자꾸 보기 때문입니다. 결혼이라는 제도가 없었으면, 나의 모난 부분을 직면할 일이 별로 없어요. 그런데 결혼을 하고 보니, 내가 보고 싶지 않고, 만나고 싶지 않고, 인지하지 못했던 내 모습이 보입니다. 배우자나 자녀라는 거울을 통해 내 모습을 비춰 보게 되는 거죠. 관계에서 내 모습이 드러나게 됩니다. 완벽하지 않은 내 모습이 통증처럼 다가옵니다.

그런데 자꾸 남 탓이라고 얘기합니다. '내가 너 만나기 전까지는 아무 문제 없었는데', '내가 군대 가기 전까지는 아무 문제 없었는데', '내가 이 직장에 다니기 전까지는 아무 문제 없었는데'라며 문제의 원인을 바깥에서 찾습니다. 무언가와 관계를 맺으면서 내가 굉장히 안 좋아졌다는 것입니다. 그래서 아예 관계를 단절해버리기도 합니다.

자꾸 그렇게 핑계를 댑니다. 통증의 원인은 먼저 자기에게서 찾아야 하는데 밖에서 찾습니다. 그리고 기분 좋을 때만 모든 걸 좋게 해석합니다. 사람이 인식하는 데 있어서 가장 중요한 것이 컨디션이라고 합니다. 배고플 때 상대방이 뭘 부탁하면 괜히 짜증부터 납니다. 점심식사 후 맛있는 거 배부르게 먹고 와서는 "아까 부탁한 거, 제가 할게요" 합니다. 본인이 굉장히 관대한 사람인 척합니다. 기분에 따라 말과 태도가 달라지는 사람은 관계를 오래, 그리고 좋게 맺기 어렵습니다. 내가 기분이 좋으면 일시적으로 통증도 괜찮아진 듯 보입니다. 하지만 통증을 외면하고, 임시로만 해결하면, 금세 통증은 몇십 배로 불어나게 될 것입니다.

어차피 이 통증은 만나고 지나가야 합니다. 통증은 신호라고 했습니다. 그 소리에 귀를 기울여 주십시오. 혹시 요즘 통증이 있다면, 이것을 피하려고만 하지 마십시오. 무시하지 마십시오. 지나치면 통증은 반드시 배가 됩니다. 통증이 우리에게 어떤 사인을 주는지를 생각하면, 우리는 하나를 내주고 열 개를 얻을 수 있을지도 모릅니다. 그렇지 않고, 통증을 무시하고 진통제 먹으며 버티기만 한다면, 그렇게 통증을 겪어낸다면 완전 손해입니다.

당신은 어디에서 긴장하시나요? 얼마 동안 긴장을 해왔

나요? 그 긴장이 당신 삶에 어떤 영향을 미쳤고, 앞으로는 어떻게 살길 원하나요?

사람이 긴장을 하면 바로 앞에 있는 것도 보이지 않습니다. 강연에 찾아오는 분들도 초행길이면, 건물까지 잘 도착했어도 위층 강연장으로 올라가는 엘리베이터를 찾지 못해 헤맵니다. 긴장하지 않으면 서너 대씩 있어 단번에 찾을 엘리베이터인데 말입니다.

긴장 없이 편안한 상태를 사진 찍는 것으로 비유하면 카메라 조리개가 열리는 것과 같습니다. 빛이 열리니, 어두운 것을 더 잘 보게 됩니다. 만약 당신이 지금 어둡고 아픈 통증 속에 있다면, 삶을 돌아볼 좋은 신호로 받아들여보세요. 조금씩 나아가실 수 있을 겁니다. 걱정하지 마세요. 제 의사 선생님이 그랬습니다.

"치료할 수 있습니다."

인생이라는 큰 그림을 보는 법

초저녁에 바라보는 달은 참 아름답습니다. 초승달일 때도 상현달일 때도 보름달일 때도 저마다의 매력으로 빛납니다. 사람들은 아름다운 달에 가길 원했고, 1969년 닐 암스트롱이 달 표면에 첫발을 내딛었습니다. 달에 간 사람들은 무엇을 보았을까요? 달에 가서 본 아름다운 것은 무엇이었을까요? 사람들이 갈망하는 달은 막상 가까이 가서 바라보면 희뿌연 먼지투성이의 분화구로 가득하고 빛나지도 않습니다. 스스로 빛을 내지 못하는 달은 태양에서 오는 빛을 반사해서 빛나는 것일 뿐입니다.

저는 여행의 큰 장점을 달에게서 찾았습니다. 1년을 여행해도 우리는 돌아와서 다시 살아야 합니다. 그런데 여행을 떠나면 내가 어디에서 왔는지를 돌아보게 됩니다. 내 삶이 어떠한지, 내가 어디에서 어떻게 살았는지를 되돌아봅니다. 여기에서 핵심은 멀리서 떨어져서 보았을 때 더 잘 보이는 것이 있다는 것입니다.

영어 유치원 원장님으로 일하는 분께서 저에게 이런 말씀을 해주신 적이 있습니다.

"제가 아이들을 가르치면서 재미있는 것이 무엇인지 아세요? 유치원생 수업도 하고 중고등학생 수업도 하는데요. 재미있는 것이, 아이들은 와서 우리 엄마가 문제라고 해요. 그런데 어머니들은 또 오셔서 저희 아이에게 문제가 있다고 말씀하세요. 그러면서 엄마 아빠 말은 잘 듣지 않으니까 원장님이나 선생님들께서 대신 말 좀 해달라고 하세요. 그런데 제가 보기에는요, 다 별일 아니거든요. 저희는 아이들을 많이 보잖아요. 그래서 별일이 아닌데, 어머니들은 한 아이만 바라보시니 다 별일로 보이시나 봐요."

아이를 많이 보는 원장님께는 별일 아닌 것들이 부모님께는 별일이 되어서 아이와 다툼을 하고 감정의 골이 깊어진다는 것입니다.

제가 좋아하는 화가 선생님이 저에게 그런 말을 한 적이 있습니다. "큰 그림일수록 멀리서 보라"고요.

큰 그림일수록 가까이에서 보면 눈의 초점이 나가기 때문에, 큰 그림일수록 뒤로 가서 보고, 가까이에서 볼 수밖에 없으면 눈을 살며시 감고 보면 그림을 더 잘 볼 수 있다는 설명이었습니다.

이것이 어쩌면 여행의 이유와 비슷한 것 같습니다. 인생에 있어서 제일 큰 그림은 자신의 삶입니다. 너무 가까이에서 보면 잘 보이지 않습니다. 더 잘 보려고 가까이 가면 초점이 흐려집니다. 그럴 때는 오히려 멀리서 보거나 눈을 살며시 감고 보는 것이 좋습니다.

우리 인생은 너무도 큽니다. 내 인생도, 내 아이의 인생도. 그러니 조금 뒤로 떨어져서 바라보십시오. 또는 살짝 눈을 감고 조금 마음을 내려놓고 보십시오. 요즘 뭔가 내 인생이 내 뜻대로 되지 않는다면, 너무 그 앞에 가까이 다가가서 바라보고 방향을 잡으려 하지 말고, 조금은 멀리서 보면 좋겠습니다. 그러면 좀 더 잘 보이고, 좀 더 아름답게 보일 것입니다.

해방되십시오

청각장애가 있으셨던 아버지와 저는 평생 대화다운 대화를 해보지 못하고 이별했습니다. 제가 소통에 대한 강연을 하게 된 것도 소통을 잘해서도, 소통을 공부해서도 아닙니다. 불통을 너무 오래 경험했기 때문입니다.

사실 저희 위 세대 아버지들 중에는 자상한 아버지가 그리 많지 않습니다. 어릴 적 기억이 하나 있는데, 잠을 자다가 잠결에 아버지 배에 발을 올린 적이 있습니다. 제가 험하게 자는 탓에 잠에서 깨신 아버지는 벌떡 일어나서 잠결에 제 뺨을 한 대 때리셨습니다.

아버지…. 아버지 하면 기억나는 것이 몇 개 없습니다.

아버지는 제주도에서 돌 깨는 일을 하셨는데 노동이 끝나고 연장 가방을 지고 마을 골목에 들어오시면 저는 아버지를 반기는 게 아니라 일단 숨었습니다. 그리고 친구들에게 "우리 아빠 가면 말해줘" 하고 숨어 있었습니다. 혼날까 봐 숨은 것은 아니었습니다. 아버지를 만나면 뭐라고 해야 할지 몰라 어색한 것이었습니다.

아버지가 돌아가시기 전에 인공와우 수술을 뒤늦게 받으시고 온전하지는 않지만 소리를 듣게 되셨습니다. 아들 강연 한번 들어보셨으면 좋았을 텐데, 아들 노래 한번 들어보셨으면 좋았을 텐데 그것은 끝내 하지 못하였네요.

지나간 과거의 일로 끝나면 좋은데, 그리움으로만 남으면 좋은데, 희한하게 과거의 문제가 과거로 끝나지 않습니다. 아버지가 돌아가셨는데 여전히 저의 삶에 영향을 줍니다. 저처럼 부모로부터 독립을 했어도, 놀랍게도 '해방'은 못하는 경우가 있습니다.

독립과 해방은 다릅니다. 독립은 물리적으로 부모를 떠나는 거예요. 결혼을 해서 분가했거나, 일을 하면서 자취를 하거나, 물리적 경제적으로 부모로부터 독립할 수 있습니다. 그런데 해방은 과거의 상처나 부모로부터 받은 것에 영향을 별로 받지 않는 것입니다. 정신적으로 부모에게서 벗어나는 거예요. 그게 해방인데, 우리는 환경적으로 독립만 해버렸는지도 모릅니다.

해방을 못한 경우, 과거의 문제가 과거로 끝나지 않습니다. 저는 어머니로부터 사랑을 많이 받아 제 딸에게 사랑을 주는 일이 어색하지 않습니다. 표현도 잘하고, 딸과의 관계도 좋습니다. 그런데 아버지와의 관계는 줄곧 어색했으니 제 쌍둥이 아들들에게는 어떻게 대해야 하는지 막막할 때가 많습니다. 일부러 그런 것도 아닌데, 그냥 받은 대로 행해지는 것이죠. 인간은 가던 길로 가는 것이 편한 법이니까요.

자녀는 또 다른 '나'입니다. 그 아이에게서 자신을 보게 되고, 부모와의 관계는 자녀와의 관계로 대물림됩니다. 만약 여러분의 부모님이 살아 계시다면, 아직 독립과 해방을 마치지 못하셨다면, 할 수 있는 만큼의 시도를 해보시는 게 좋을 것 같습니다. 부모님이 돌아가시면 나와 내 자녀와의 관계를 풀 수 있는 코드가 사라져 버리는 것이니까요.

지금, 이 책을 읽다가 마음에 미안함이 느껴지는 사람이 떠오른다면, 그 사람이 자녀든, 배우자든, 부모님이든, 어색하지만 미안하다고 말해보셨으면 좋겠습니다. 미안하다는 말은 엄청 힘든 말입니다. 미안하다는 말은 잘못한 사람이 하는 게 아니라, 마음이 강한 사람이 할 수 있는 말입니다. 그렇게 억지로라도, 인위적으로라도 관계 회복을 시도하세요. 한번 어그러진 사이는 자연스럽게 돌아오기 어렵습니다. 먼저 손을 내밀고, 적당한 핑곗거리 찾아 관계를 이어가시길 바랍니다. 부자연스러워도, 어색해도, 그럼에도 노력해야 합니다. 그렇게 나도 모르게 나를 짓누르고 있는 아픔에서 해방을 맞이하십시오.

3 장

함께하는 법

관계를 오래 유지하기 위해서는
상대방이 등에 어떤 짐을 지고 있는지,
그 뒷모습을 모른 척하지 않고
함께 나눠 지려는 노력이 필요합니다.

과녁만 바라볼 때 생기는 문제

인간의 시간은 한정되어 있습니다. 그리고 인생의 끝에 도달했을 때 그 누구도 나의 억울함을 해결해줄 수 없어요. 삶의 마지막에 가서 어떤 핑계를 대도 아무 의미가 없습니다. '내가 이런 사람을 만났기 때문에 이렇게 살았네', '내가 이런 집안에서 태어나 이렇게 살았네.' 죽음 앞에서 이런 독백은 아무런 의미가 없습니다. 죽음 앞에서는 철저하게 홀로 자신을 마주할 뿐입니다. 그때 후회하지 않거나 조금 덜 후회하도록, 지금을 살아가야 합니다.

우리는 이미 일어난 일보다는 일어나지 않은 일에 대해 고민하고 근심하는 경우가 많습니다. 예민하고 생각이 많은 사람일수록 먼 미래까지 준비하는 습성이 있습니다. 마치 과녁을 쏠 때 과녁 하나만을 보는 것과 같습니다. 과녁 밖으로 삶이 벗어나면 스트레스를 받습니다. 그러고는 또 화살을 쏴서 그 과녁 안에 넣으려고 합니다.

그런데 삶이란, 그저 계속 화살을 쏘는 일과 비슷합니다. 그 화살들이 좁은 과녁 안에 다 들어가는 일은 결코 일어나지 않습니다. 삶은 하나의 거대한 여백이자 공간이고, 그것이 의미인데, 우리는 오직 하나의 점만 바라보며 사는 거지요. '내 삶은 이렇게 되어야만 해!' 그 점만 보고 나머지 전체의 가능성은 보지 않습니다.

과녁 밖으로 나갔다고 삶이 망한 걸까요? 나머지 가능성은 정말 염두에 둘 필요가 없을까요? 인생은 한정되어 있지만, 가능성은 방대합니다. 과녁에서 벗어났다고 이번 생은 다 망한 것처럼 굴지 마십시오.

자식에게도 이렇게 말합니다. "남들 하는 만큼 해." 이런 바보 같은 언어폭력이 어디 있나요? 남의 점을 맞추며 살고, 그 점 밖의 가능성은 봐주지 않습니다. 아이에게는 각기 고유의 사이클이 있습니다. 휴학할 수도 있고, 학업을 포기할 수도 있고, 그간 해온 것과는 전혀 다른 기술을 배울 수도 있습니다. 세상에 이토록 많은 아이들이 있다는 것은, 곧 이토록 다양한 세계가 있다는 말과 같습니다. 그러니 하나의 세계에 가둬두고 똑같이 살라고 강요하지 마십시오. 아이 고유의 세계를 살게 해주세요.

가정이, 사회가 몰아세운 아이는 어느 순간 스스로를 몰아세우게 됩니다. 그것이 더 심각한 상황이지요. '난 왜 이걸 못하지? 왜 남들처럼 못하지? 난 가치가 없어.' 아무리 애를 써서 10점을 맞추려 해도 실력이 모자라서인지 바람이 불어서인지, 해도 해도 안 됩니다. 그러니, 아예 놔버립니다. 나머지 어마어마한 공간의 가능성은 보지 못하고, 삶을 놓아버려요.

우리 삶을 한번 돌아보세요. 한 가지 가능성에 매몰되어 살고 있는 것은 아닌지, 나머지 가능성은 보지 못한 채 갇혀 살고 있는 것은 아닌지, 나를 몰아세우고 내 아이를 몰아세우고 있는 건 아닌지…. **당신에게는 당신만의 타이밍이 있습니다. 고유의 사이클이 있습니다. 당신의 세계가 있습니다. 그곳에서 자유로우시길 바랍니다.**

고독할 땐 내가 내 곁에 있어주세요

"홀로 있음을 연습하라. 홀로 외로이 느끼는 고독 속으로 뛰어들라. 철저히 혼자가 되어 그 고독과 벗이 되어 걸으라." 법정 스님의 말씀입니다.

누구에게나 결핍된 것을 채우고자 하는 강한 욕구가 있습니다. 전 아버지와 생김새가 많이 닮았고 형제자매들과도 다 닮았습니다. 하지만 이렇게 나와 똑 닮은 존재가 있다 해서 외롭지 않은 것은 아닙니다. 가족이 있는데 관계에서 결핍을 느끼는 것과, 가족이 아예 없어서 결핍을 느끼는 것은 다릅니다. 저는 가족도 있고 저와 닮은 존재들이 이토록 많은데, 바라고자 하는 관계를 맺지 못해 더 외로움을 느꼈습니다. 항시 고독했습니다.

그러다 법정 스님의 말씀을 만났습니다. "홀로 있음을 연습하라. 홀로 외로이 느끼는 고독 속으로 뛰어들라. 철저히 혼자가 되어 그 고독과 벗이 되어 걸으라." 홀로 서지 못하는 자는 계속 혼자로 남을 것입니다. 스님의 말씀이 저에게 큰 위로로 다가왔습니다. 내가 홀로 서지 않으면, 내가 내 벗이 되어주지 않으면 인생에서 그 누구를 만나도 근원적 외로움을 채울 수 없겠구나, 깨우쳤습니다.

한번은 중국에서 유학 온 청년이 저에게 결핍으로 가득 찼던 유년 시절을 어떻게 버텼는지 질문했습니다. 저는 청년에게 '지금 가장 그리운 사람이 누구인지' 물었습니다. 청년은 중국에 계신 어머니라고 답했습니다. 우선, 그리운데 만날 수 없어 힘든 존재가 이 지구에 살아 계시다는 것만으로도 큰 복이라고 말씀드렸습니다. 그리고 훗날 어머니와 함께 지내는 날이 오면, 지금 이 그리움이 어머니 존재의 소중함을 더 크게 만들어줄 거라 말했습니다.

그리움을 덮으려고 하지 마세요. 이 그리움을 절절히 느끼는 것이 좋습니다. 그리운데 만날 수 없는 것이 더 힘든지, 아니면 그리움 자체가 없는 것이 더 힘든지, 저는 가늠하기 어렵다고 생각합니다.

누구에게나 근원적인 외로움이 있습니다. 가족이 곁에 있어도 없어도, 사랑하는 이가 곁에 있어도 없어도. 이런 외로움에 둘러싸인 분이라면, 나 자신을 스스로 얼러주시고 치켜세워주세요. 우리의 근원적 외로움을 누가 언제까지 인내심을 가지고 돌봐줄 수 있겠어요. 친부모도 할 수 없고 친형제도 할 수 없고, 연인이나 배우자도 할 수 없습니다. 그것을 할 수 있는 가장 적합한 사람은 바로 어른이 된 나 자신입니다.

어린 시절 움푹 파였던 결핍으로 외로워하는 아이를 찾아갈 수 있는 유일한 존재. 그 아이가 지금 어디서 울고 있는지 가장 잘 아는 사람은 바로 나 자신입니다. 그 아이가 정말 원하는 것은 무엇일까요? 많이 그리웠다고, 내가 널 이해한다고, 찾아가 말해주세요. 날 외롭게 한 사람들에게 듣고 싶었던 말을, 나 자신에게 해주세요. 그리고 그곳에 자유를 채우세요. 그렇게 홀로 서보는 것입니다.

아이를 위한 기도

아이라는 세계는 참으로 신비합니다. 아이의 기질과 성향을 파악하며 좋은 부모가 되겠다고 작심하지만, 아이에게 한 걸음 다가가면 아이는 두 걸음 멀어집니다. 아이가 성장하며 자신의 세계를 구축하는 속도를 부모는 따라가지 못합니다. 아이의 행동과 선택은 점점 이해하기 어렵고, 소통은 점점 요원해집니다.

많은 부모님들이 책도 보고 강의도 찾아 들어보며 아이와 대화하기 위해 다양한 시도를 해보셨을 거예요. 그런데도 잘 되지 않았다면, 전 '기도'를 해봐야 한다고 생각합니다. 말로는 안 되는 지점이 오기 때문입니다. 내가 노력해도 안 되는 지점이 오기 때문이에요. **종교를 떠나 진정으로 좋은 기도란, 아이가 아니라 부모의 마음에 먼저 평온이 찾아드는 기도입니다.**

모든 사람에게는 자기만의 기도가 있습니다. 종교가 있으신 분은 예배당에 찾아가도 좋고 불단 앞에서 절을 해도 좋습니다. 없으신 분들은 운동을 하고 취미 활동을 할 때 기도의 정신을 가지고 임하는 것입니다. 집중하고 간절한 마음, 그런 정신으로 임할 때 평온이 찾아옵니다.

무턱대고 아이에게 다가가려 하지 마십시오. 특히 사춘기 아이에게는요. 평온이 없는 부모가 다가가면 아이는 금방 부모의 불안을 눈치챕니다. 불안의 감정 주파수가 아이에게 고스란히 닿습니다. "너 고2인데 연애를 한다고? 연애 못 하게 하는 게 아니야. 대학 들어가서 하란 거야. 지금이 얼마나 중요한 시기인데." 엄마 아빠가 이런 에너지로 말을 건네는데 아이가 부모 말을 들을까요? 부모 몰래 하거나, 못 하게 하는 부모를 원망할 뿐입니다. 부모 몰래 해서 생기는 불안감, 하고 싶은 걸 못 해서 생기는 불평불만이 과연 공부하는 데 도움이 되고, 목표를 이루는 데 도움이 될까요?

걱정과 불안이 아닌, 믿음을 아이에게 주세요. 우리는 아이가 한 점 흠이 없이 자라기를 바라는 것 같습니다. 한 번의 실패도, 한 번의 어긋남도 없이요. 웬만하면 남들 할 때 하면서, 남들 하는 만큼, 사실 그 이상 해내길 바라죠.

아이는 부모의 걱정과 불안의 메시지를 받으며 생각할 거예요. '나는 왜 남들 하는 만큼 못할까? 나는 왜 이렇게 부족할까? 나는 왜 잘하는 게 없을까?' 하지만 제 강연 대부분은 제가 남보다 못한 것에서 나왔습니다. 제 시행착오와 실패에서 비롯됐습니다. 그리고 이미 부모님도 아실 거예요. 방황하고 실수하고 실패할 수 있다는 사실을요. 단지, 내 아이만큼은 나처럼 아프지 않고 크길 바라는 마음이지요.

양육자가 평온하고 안정적으로 마음의 중심을 잡고 있으면 아이는 반드시 돌아옵니다. 부모에게 필요한 믿음이란, '내 아이는 실수하지 않을 거야'가 아닌, '실수해도 괜찮아. 엄마 아빠는 항상 여기에 있어'라는 믿음입니다.

사춘기 시절은 반항하는 시기가 아닙니다. 성장할 타이밍이고 독립성이라는 인생에서 큰 무기를 탑재하는 시기입니다. 본인들도 힘겹게 지나가는 이 시기를 부모님은 못 본 척하며 응원해주세요. "너의 시간과 공간을 인정할게.

단, 너무 큰길에서 벗어나지는 말고, 예의를 잃지는 마. 네가 흔들릴 시간과 기회를 누려. 우리는 기다릴게." 이런 느낌으로 최소한의 아웃라인만 제시해주세요.

부모 마음에 힘이 있어야 합니다. 지친다면 아이가 아닌 다른 것으로부터 힘을 받으세요. 힘을 받을 수 있는 '나만의 기도'를 찾으세요. 엄마 아빠의 개인 삶, 양육자 본인의 삶이 회복될 때, 내면세계와 표정, 풍기는 에너지가 달라질 것이고, 아이는 말하지 않아도 이 영향을 100퍼센트 받을 것입니다.

산소마스크는 나 먼저

한동안 저는 봄이 오는 게 두려웠습니다. 몇 년 전, 강연을 마치고 핸드폰을 확인했는데 부재중 전화가 30통 넘게 와 있었습니다. 불길한 예감은 들어맞았습니다. 딸아이가 응급실에 있다는 연락이었습니다. 딸에게는 꽃가루 알레르기가 있는데 꽃가루가 유난히 심한 그날 밖에 오래 있었고, 결국 알레르기 반응으로 코와 호흡기 쪽이 막혀 숨을 제대로 쉴 수 없었던 것입니다. 다행히 응급실에서 제때 치료를 받았고, 지금은 성장하면서 많이 좋아졌지만 이 사건은 제게 꽤 오랫동안 트라우마로 남았습니다. 만물이 소생하고 꽃씨가 눈송이처럼 눈앞에 떠다니는 아름다운 봄이 저에게는 소리 없이 다가오는 재난 같았습니다.

부재중 통화만 봐도 한동안 심장이 덜컹했고, 딸이 외출하는 날이면 온 신경이 곤두섰습니다. 알레르기 약을 잘 챙겨 먹고, 마스크를 꼼꼼히 쓰고, 손발을 깨끗하게 씻으며 대비하면 되는 일인데 말이죠. 제가 과하게 걱정을 하고 경고를 주니 딸아이도 봄이 오면 위축되고 불안해하는 것 같았습니다. 알레르기를 잘 이겨낼 수 있음을 가르쳤어야 했는데 오히려 부정적인 영향을 끼친 것 같아 시간이 지나니 후회로 남습니다.

비행기에 타면 이륙 전 승무원의 안전수칙 안내가 시작됩니다. 비상구는 어느 쪽에 있는지 구명조끼는 어떻게 착용해야 하는지를 알려주지요. 비상 상황이 발생하면 산소마스크가 머리 위에서 떨어지는데 이때 산소마스크를 쓰는 순서는 어떻게 될까요? 보통 어린이, 노약자 먼저라고 생각할 수 있지만 그 반대입니다. 보호자가 먼저 산소마스크를 코와 입에 밀착시킨 후 머리에 맞게 고정시킨 다음 주변에 도움이 필요한 이를 도와야 합니다. 상대적으로 아이보다 이성적 판단이 가능한 어른이 정신을 잃었을 경우 아이가 혼자 남게 되면 위급 상황에 대처하기 어려워지기 때문이죠. 위급한 상황에서 조금 더 이성적인 판단을 하는 것이 어른의 역할임을 상기시켜주는 대목입니다.

부모가 되면 아이에게 먼저 산소마스크를 씌워주기 위해 마음이 자주 급해집니다. 하지만 비행기에서 닥치는 위급 상황처럼 내가 먼저 숨 쉴 수 있어야 아이에게도 숨 쉴 수 있는 환경을 만들어줄 수 있습니다. 이건 이기적인 게 아니에요. 비유가 아니라 말 그대로 생존이 걸린 문제입니다. 부모가 아이보다 더 조급해하고 모든 위험 요소와 문제들을 해결하려는 경우가 있습니다. 자녀의 일상적인 결정부터 학교 성적, 심지어 친구 관계까지요. 아이가 실패하거나 위기에 빠질까 염려하며 아이의 활동을 지나치게 감시하거나 제한하려 합니다. 이건 절대 이성적인 판단이 아닙니다. 아이에게 먼저 산소마스크를 씌우려는 행위가 오히려 아이의 자립성과 독립성을 훼손하고 맙니다.

아이의 든든한 보호자가 되고 싶다면 최소한 나에게 먼저 산소마스크를 씌우십시오. 나의 일상에 집중하고, 내 건강에 충실하고, 시간을 내어 나를 잘 돌보는 게 우선입니다. 내가 일상에서 잘 숨 쉬는 모습을 보여줄 때, 그래서 현명하고 옳은 선택을 할 수 있을 때, 아이 역시 스스로 책임감을 기르고 바르게 성장할 수 있습니다. 아이를 위해 더 이기적인 보호자가 되길 바랍니다.

무릎이 까질 기회를 주세요

강연장에 트로트 가수가 꿈이라는 고등학생 친구가 찾아왔습니다. 초등학생 때부터 장기자랑이 열리면 트로트를 불러 상을 휩쓸었다고 해요. 허스키하고 구성진 노랫소리가 매력적이었습니다. 하지만 트로트 가수라는 자신의 꿈과, 판소리를 전공해서 대학까지 진학하길 바라는 부모님의 바람 사이에서 고민이라는 이야기를 들려주었습니다.

저는 부모와 아이의 의견이 서로 부딪칠 때는, 부모는 의견을 말하되, 결국 아이의 의견을 밀어줘야 한다고 생각합니다. 의견 차이가 생기는, 우리가 '갈등'이라고 부르는 그 지점이 바로 아이가 자신이 인생의 주체자임을 배울 기회이기도 합니다.

아이가 아무런 의견이 없으면 부모가 자녀를 밀어주고 이끌기도 해야 합니다. 하지만 아이가 자신이 하고 싶은 게 생겼고, 어느 길로 가고 싶은지 주장을 강하게 내세운다면, 그때는 자녀를 밀어줘야 합니다. 물론 부모 입장에서는 아이 뜻대로 했다가 일을 그르칠까 봐, 시간 낭비를 할까 봐, 상처 입을까 봐 불안합니다. 부모의 걱정대로 일이 잘 안 풀릴 가능성도 매우 높죠. 하지만 긍정적인 결과가 나오지 않을 거라 어느 정도 예견했음에도 부모님이 자신을 존중해줬다는 사실과 부모님의 믿음을 아이는 분명히 깨닫게 됩니다. 그럼 계획한 대로 되지 않아도 아이에게는 사랑받는 존재라는 확신, 부모에 대한 고마움, 부모 자식간의 신뢰, 스스로를 믿는 자아존중감이 쌓여요. 이 점이 아이 인생에 귀한 자양분이 될 거라 생각합니다.

아이에게 실수할 기회, 넘어질 기회, 무릎이 까질 기회를 줘도 괜찮습니다. 실수와 실패를 허락하지 못하는 환경에서 자라는 아이들은 커서 작은 좌절에도 '나는 끝났어'라고 생각하는 것 같습니다. 사람은 때로는 실수도 하고 실패도 하고 넘어지고 상처 입기도 합니다. 모두가 그렇습니다. 그런데 요즘 많은 아이들이 그런 경험을 다 차단당한 채, '실수에 대한 면역력' 없이 성장합니다.

넘어졌다 다시 일어나 본 경험, 그 백신을 맞지 않고 자란 아이는 부모라는 울타리 밖으로 나가는 순간 쓰러지게 될지 모릅니다. 안전한 부모의 울타리가 있을 때 아이가 실수와 실패, 상처와 덧남을 경험할 수 있도록 해주세요. 부모의 역할은 완벽한 방역이 아닙니다. 면역력을 키워주는 것입니다.

아이가 트로트 가수가 되지 못할 수도 있어요. 되더라도 결국엔 다른 일을 하게 될 수도 있습니다. 그럼에도 중요한 건 우리 아이 마음에 주체적으로 해보고 싶은 일이 생겼다는 사실입니다. 아이는 이미 자신의 우주를 형성했고, 부모는 이를 축하해줘야 합니다. 무조건 안정적이고, 실패하지 않을 것 같은 길로 향하게끔 아이를 바꾸려 하지 말고, 아이의 생각을 존중하고 밀어주세요. 아이는 어떤 결과를 맞이하더라도 자신이 선택한 일에 책임감을 가지고 무엇이든 배울 것입니다. 그 배움과 노력으로 다른 일에 도전할 힘과 내공을 쌓으며 성장할 거예요.

존중과 배려가 갖는 힘

녹화 강연을 위해서 무대에 올라가기 전에 피디님이 저에게 꼭 하는 말이 있습니다. "강의 잘하세요!", "파이팅!" 같은 응원일까요? 아니요. 딱 한 마디 부탁의 말입니다.

"T존에서 말해주세요."

무대 바닥을 보면 흰색 테이프로 작게 T자 모양이 표시되어 있습니다. 이곳에서 말을 해야 조명이 제 앞에 딱 알맞게 떨어지고 화면에 가장 잘 나오기 때문입니다. 청중들에게 조금 더 다가가려고 앞으로 나가면 조명이 너무 강하게 비쳐서 얼굴이 화면에 하얗게 나오고, 조금 더 넓게 관객들을 보려고 뒤로 가면 어두워서 화면에 제가 잘 잡히지 않는다고 해요. 강의를 하다 보면 저도 모르게 T존에서 멀어질 때가 많아서 피디님이 매번 무대에 오르기 전에 신신당부를 합니다. 결국 적절한 거리가 보기 좋다는 것, 인간관계의 핵심 아닐까요?

적절한 거리를 유지하기 가장 어려운 관계가 바로 부모, 자식 간의 관계인 것 같습니다. 부모는 자식이 좀 더 잘되길 바라는 마음으로 하는 소리가 자식에게는 잔소리와 간섭으로 느껴지고요, 자식은 그런 부모님이 답답하고 이해가 되지 않아 모진 말과 행동으로 상처를 주기도 합니다. 가족이라는 이름으로 얼마나 많은 갈등이 일어나는지 깊이 생각해보지 않아도 금세 여러 장면들이 떠오릅니다. 치고받고 싸워도 결국엔 '가족'이니까 참고 지내는 경우가 수두룩하죠.

그럼 이런 충돌과 삐걱거림을 해결하기 위해서는 어떻게 하면 좋을까요? 더 서로를 아껴주고 사랑해줘야 할까요? 저는 조금 극단적일 수 있지만 이렇게 말씀드리고 싶습니다. 서로 사랑하려고 하지 말자. 자식을 사랑하려고 하지 말고, 부모님을 사랑하려고 하지 말자고요. 대신 존중과 예의를 갖추자고 이야기하고 싶습니다. 어쩌면 관계를 회복하고 좋게 유지하기 위해서는 사랑보다 예의가 중요하지 않을까 싶습니다. "매너가 사람을 만든다"는 영화 〈킹스맨〉의 명대사죠. 매너가 원만한 관계를 만듭니다. 당연한 건데 가족 사이에서는 자꾸 잊게 되는 사실이에요.

밖에서 사람들을 만날 때는 대화에서 실수한 건 없는지, 내 행동이 불편하지는 않았을지 조심스러워합니다. 저 역시 타인의 표정, 말투, 사소한 것 하나하나에 신경을 쓰느라 스스로를 아주 피곤하게 만들어요. 하지만 가까운 사이일수록 상대방에 대한 기본적인 예의도 지키지 않게 될 때가 많습니다. 아이의 말을 다 듣지도 않고 끊어버리고, 부모님의 말을 듣는 둥 마는 둥 경청하지 않습니다. 서로의 물리적, 정신적 경계를 함부로 침범하기도 합니다. 특히 부모의 입장일 때 이를 지키지 않는 경우가 많지요. 아이의 물건, 아이의 취향을 인정하지 않거나 아이의 가치관, 아이의 성격을 마음대로 고치려 합니다. 자신의 기대에 미치지 못하면 화를 내고 다그칩니다. 또한 진심 어린 감사와 사과의 표현을 잘 하지 않습니다. 말하지 않아도 다 안다고 생각하기 때문이지요.

사랑은 서로를 존중하고 배려할 때 자연스럽게 느껴지는 것입니다. 하루 종일 아이 옆에 붙어 있고, 부모님에게 값비싼 선물을 드리는 것만이 사랑이 아닙니다. 서로의 입장에 서서 한번 더 생각하고 말하는 것, 상대방이 싫어하는 행동은 하지 않는 것, 가족 역시 타인임을 기억하고 배려의 마음을 표현하는 것, 가족 간의 예의를 지킬 때 오히려 견고한 관계가 만들어지고 자연스레 사랑을 느낄 수 있습니다. 다시 한번 기억하고 연습합시다. 사랑을 주려고 하지 말자. 먼저 예의를 갖추자.

어떤 사람과 결혼해야 할까요?

이제 막 연애를 시작한 풋풋한 커플이 보입니다. 맛있는 음식을 먼저 상대방 접시에 덜어주고, 쉬지 않고 서로의 사진을 찍습니다. 어색한 침묵도 종종 감돌지만 그런 시간마저 서로를 바라보는 눈에 사랑이 가득합니다. 이제 막 피어나려는 꽃봉오리처럼 따스하고 설레는 분위기가 둘 사이에 넘치지요. 서로의 취향, 취미, 관심사를 공유하며 서서히 가까워집니다. 이 시기에 두 사람은 주로 서로의 앞모습에 신경을 씁니다. 화장이 번지지는 않았는지, 머리 모양이 이상하지는 않은지, 옷매무새를 계속해서 살피죠. 외적인 것에 상대적으로 많은 시간을 들이게 돼요. 또 상대방이 웃고 있는지, 지루해하는지, 짜증이 났는지, 표정과 눈빛 그리고 말투를 읽으려고 무지하게 애를 씁니다.

끊임없이 서로를 탐구하고 이해하고 바라보던 초기의 연애 시기가 지나면 서로에게 익숙해지는 순간이 찾아옵니다. 서로의 차이점을 발견하며 실망하고, 의견 충돌이 생기고, 사소하고도 큰 갈등과 어려움이 하나둘 닥쳐오죠. 이럴 땐 서로의 앞모습은 중요하지 않습니다. 점차 상대방의 뒷모습이 보이기 때문이에요. "저 사람은 대체 왜 저럴까?" 하는 의문에 대한 답은 모두 뒷모습에 있습니다.

우리에겐 모두 감추고 싶은 모습이 있습니다. 불안, 우울, 콤플렉스 등 자신의 어깨를 짓누르는 무거운 짐을 아무도 보지 못하게 숨겨두려 하지만 나와 가장 많은 시간을 보내고, 가까이 지내는 이들에게는 그 짐을 진 뒷모습이 보일 수밖에 없습니다.

관계를 오래 유지하기 위해서는 상대방이 어떤 짐을 지고 있는지, 그 뒷모습을 모른 척하지 않는 노력이 필요합니다. 상대방이 어떤 뒷모습을 가졌는지 제대로 보지 않으면 '저 사람은 감정 기복이 너무 심해', '왜 저렇게 예민한 거야. 정말 피곤해 죽겠네' 하며 외면하게 됩니다. 갈수록 대화는 단절되고 제대로 싸우지도 화해하지도 않습니다.

"어떤 사람이랑 결혼하면 좋을까요?"

결혼을 고민하며 물어오는 분들에게 저는 이렇게 대답합니다.

"친구와 하십시오."

여기서 친구란 동갑내기나 오래 곁에서 봐온 사람을 의미하는 것이 아닙니다. 북아메리카 원주민이 말하길 '친구란, 나의 짐을 자신의 등에 진 자'라고 했습니다.

그 사람의 짐까지 사랑할 수 있다면 결혼해도 좋지 않을까요? 상대방이 진 짐이 무엇인지 알고 싶을 때, 짐을 진 뒷모습이 안쓰러워 보일 때, 그 짐을 함께 져주고 싶을 때, 어떤 짐이라도 사랑할 수 있을 것 같을 때, 결혼을 결심하면 좋겠습니다. 우리는 이미 자신이 진 짐만으로도 버겁습니다. 인간관계, 진로, 노후, 단기적인 고민부터 먼 미래의 일까지. 매일 조금씩 쌓이는 어깨 위의 짐을 미처 처리하기도 전에 다른 짐이 놓입니다. 그럼에도 불구하고 서로의 짐을 함께 나눠 지기로 결심했을 때, 서로의 뒷모습을 더 오래 지켜보고 싶을 때 삶을 함께 걸어 나갈 동반자가 되는 것 같습니다. 이런 관계가 친구입니다. 친구는 오래 지속되지만 연인 관계는 오래가지 않습니다. 서로의 짐을 같이 지고 걸어갈 친구, 여러분 곁에 있으신가요?

오래 함께하기 위해서는…

함께 짐을 나눠지고 싶은 사람을 만났다면, 다음으로 저는 결혼하기 전에 상대방의 가족을 먼저 만나보기를 권합니다. 그의 아버지와 어머니가 서로에게 일상에서 어떤 말투를 사용하고 어떻게 리액션을 하는지, 형제자매가 있다면 그들과의 관계는 어떤지 알아보기를 권합니다. 진짜 그 사람을 알고 싶다면, 그의 '언어'를 알아야 합니다. 그 사람이 지금의 그 사람이 되기까지 영향을 미친 언어값이 있습니다.

부모만 중요하다고, 가족만 중요하다고 하는 것은 아닙니다. 다만 지난 2, 30년 동안 부모는 자녀에게 많은 영향을 끼쳤습니다. 영향을 받았다고 반드시 '부모처럼' 닮는 것은 아닙니다. 오히려 '나는 부모에게서 받은 것이 없으니, 반대로 이런 방향으로 살 거야' 하며 삶의 선로를 다시 까는 사람도 많습니다.

저는 결혼 전에 하는 상견례와 같은 이벤트가 아니라, 일상을 볼 수 있는 만남이 많을수록 좋다고 생각합니다. 행사 때는 평소와 다른 행사용 모습이 나올 수도 있으니까요. 가령 아버지가 어릴 때부터 자녀에게 요리를 해주거나 가정일을 맡아 하는 것을 보고 자란 자식과 아닌 자식은 다릅니다. 일반화할 수는 없지만, 보고 자란 것을 무시할 수는 없습니다.

우리가 한동안 쓴 마스크를 생각해보세요. 의식이 발전하기 전의 인간은 마치 마스크를 안 쓴 상태라고 생각하면 됩니다. 마스크를 안 썼으니 감염이 잘 되는 거예요. 좋은 균이 들어올 수도, 나쁜 균이 들어올 수도 있습니다. 어릴 때는 '아빠처럼 살지 말아야지, 엄마처럼 살지 말아야지' 생각하고, 군대 가서는 '저런 인간쓰레기가 되지 말아야지' 생각하고, 직장에서는 '저런 무능력하고 정치질만 하는 사람은 되지 말아야지' 생각합니다. 의식을 발전시키고 깨어 있지 않으면 그들을 그대로 복제할 것이고, 인생의 선로를 다시 깔겠다 다짐하고 변화를 시도한 사람은 전혀 다른 삶을 꾸리고 있을 것입니다.

그러니 결혼할 생각이 있다면 연애할 때 둘이서만 만나지 말고 주변 사람들도 많이 만나보라고 추천합니다. 우리는 연애할 때는 둘만 보이고 둘만 있고 싶어 하지만, 결혼하면 정말 긴 시간 둘만의 시간이 주어집니다. 그 긴 시간을 함께할 사람인지를 알기 위해서는 오히려 연애 시절 다른 사람을 껴서 함께 많이 만나봐야 합니다. 많은 관계 맺음 속에서 그 사람의 태도와 진가를 알 수 있습니다. 물려받은 언어가 좋고 선한 바이러스에 감염된 사람인지, 비록 자라온 땅은 척박하지만 인생의 선로를 스스로 만들어 나가고 있는 사람인지.

그리고 그 사람에게 영향을 준 영화를 함께 보고, 책에 대해 이야기를 나누는 것도 필요합니다. 지금 그 사람의 생각이나 사고방식, 가치관에 영향을 미친 사람이나 사건이 있는지도 물어보십시오. 긴 시간과 노력을 들여 서로에 대해 알아가기를 권합니다. 그래야 우리가 도파민의 영향권에서 벗어나고 안정된 상태가 되고 훗날 권태기가 찾아와도 함께하고 싶은 사람인지 아닌지 제대로 알 수 있습니다.

사랑이 어려운 이들에게

사랑은 쉽지 않습니다. 어디서부터 어디까지가 사랑이고, 어디서부터 어디까지가 단순한 호감인지 가늠하기도 어렵고, 어느 정도 사랑해야 '내 인생 단 하나의 사랑'이라 판단할 수 있는지 어렵습니다. 남들은 제짝을 잘 찾아 만나는 것 같은데 말이지요.

그런 분들에게 저는 '남을 사랑하려고 하기보다, 먼저 내 길을 사랑하라'고 말씀드리고 싶습니다. 남을 사랑하는 것은 언젠가 지쳐버리게 되고, 또 그 과정에서 상처를 받게 되면 증오감과 상흔이 더 크게 남기 때문입니다. 그러니 누군가를 사랑하는 일에 초점을 맞추지 말고, 나의 길을 사랑하는 데 초점을 맞추고 그 길에서 만나는 좋은 사람과 인연을 만드세요.

나의 길을 사랑하는 사람은 내적인 모습, 외적인 모습 모두 정갈하게 가꾸고 건강하게 키워나갑니다. 그 길 위에서 자신이 사랑하는 길을 걷는 또 다른 건강한 사람을 만나는 것이 좋습니다. 물론 그 길에서 상처를 받고 상흔이 남을 수는 있지만, 나의 길을 사랑하는 사람은 지속적인 성장을 향해 다시 걸을 힘이 남아 있습니다. 사랑이 어려운 분이라면, 타인을 먼저 사랑하지 말고, 나를 사랑하고 나의 길을 사랑하세요.

결혼은 안 해도 됩니다. 그렇지만 사랑은 해보십시오. 직장은 없어도 됩니다. 그렇지만 우리의 길은 있었으면 좋겠습니다. 그 길이라는 것은, 자꾸 눈이 가는 것, 반복하게 되는 것, 내 시간을 기꺼이 내주는 것, 그럼에도 불구하고 계속하게 되는 것입니다. 한번 태어난 인생, 사랑도 해보시고, 자신의 길도 찾으셨으면 좋겠습니다.

자극과 반응 사이

《죽음의 수용소에서》 저자 빅터 프랭클은 이렇게 말했다고 합니다. "자극과 반응 사이에는 틈이 있다. 그 틈 속에는 우리가 반응을 선택할 힘이 있다. 우리의 성장과 자유는 우리의 반응에 달려 있다."

외부에서 어떤 자극이 와요. 그러면 우리는 반응을 하지요. 그 사이에서 우리는 어떻게 반응할지를 선택할 수 있습니다. 책을 읽거나 강연을 듣고 좋았던 부분을 삶에 바로 적용하려고 하는데 잘 되지 않을 때가 많습니다. 자극과 반응 사이에 틈을 주지 않았기 때문입니다. 제가 자주 하는 이야기가 있습니다. 미국 영화 속에서 크리스털 접시를 깬 아이에게 엄마는 아이를 나무라지 않고 "괜찮니? 안 다쳤어? 걱정하지 마. 사랑한다"라고 말합니다. 제 이야기를 듣고 바로 본인의 자녀에게 시도해본 부모가 많을 거예요.

그런데 바로 "괜찮니?"라는 말이 나오지 않았을 수도 있습니다. 자극에 대한 반응은 이미 자신이 가지고 있는 설정값으로 반작용처럼 튀어나오거든요. "너!"라는 말이 먼저 나왔을 수도 있지요. 그러고 나선 "너! … 괜찮니?"라고 말했을 수도 있습니다. 전 이것이 좋아져가는 과정이라고 생각합니다. 틈을 넓혀가는 과정입니다. 중요한 것은 지금 일어난 사건 그 자체가 아닙니다. '아휴, 강연에서는 따뜻하게 괜찮으냐고 말하라고 했는데, 먼저 소리를 질러버렸네' 하고 자책하지 않으셔도 됩니다. 중요한 것은 일어난 사건에 대한 우리의 자세와 태도, 시선입니다. 그것을 최종 곱하기한 값이 더 중요합니다. 좋아져가는 과정을 거쳐서 비로소 좋아지는 것이거든요.

미국에 이민을 가서 아이들도 잘 키우고 30년간 부부싸움도 안 하셨다는 노부부가 계셨어요. 그래서 물었습니다. 이민 생활 자체도 너무 힘든데 어떻게 두 분은 사이좋게 지내시면서 아이들도 잘 키우셨는지. 노부부는 자신들의 노하우를 공유해주셨습니다. 이민 오면서 부부 사이에 약속을 했다고 합니다. 남편이 화가 나고 섭섭한 마음이 들면 산책을 나가고, 아내가 화가 나고 기분이 안 좋으면 앞치마를 거꾸로 입고 설거지를 하기로 했대요. 그럼 서로 알아보는 거지요. 남편이 계속 산책을 하면, '남편에게 뭐 기분 안 좋은 일이 있나?' 살피고, 아내가 앞치마를 거꾸로 입고 설거지를 하면 '내가 아내 기분을 상하게 한 일이 있나?' 생각했다고 합니다.

지혜로운 분들이었습니다. 자극과 반응 사이에 공간을 마련하신 거지요. 우리 삶에서 자극을 없앨 수는 없습니다. 하지만 그 자극에 대해 어떻게 반응할지는 선택할 수 있습니다. 우리 앞에 놓인 자극 앞에서 우리의 자세와 태도, 시선이 좋아진다면, 우리는 완전히 새로운 결과를 가져올 수 있을 것입니다.

최고의 소통

최고의 소통은 고체로도, 액체로도, 기체로도 존재할 수 있는 사람이 할 수 있습니다. 저는 사실 고체처럼 존재하는 사람입니다. 유연성이 많이 없는 편입니다. 어떤 사람은 얼음인데 물이 될 수도, 수증기가 될 수도 있습니다. 그런 사람은 누구와도 소통할 수 있습니다. 얼음에서 물이 될 수 있다면 마음의 문을 닫고 있는 사람에게도 스며들 수 있고, 사춘기 자녀처럼 마음의 입구가 좁은 사람에게도 가닿을 수 있습니다. 상대가 어떤 모양의 틀을 가지고 있는지에 관계없습니다. 자유롭게 소통할 수 있습니다. 하지만 고체로만 존재하는 사람은 오직 자신보다 큰 그릇에만 담길 수 있고, 큰 문만 통과할 수 있습니다.

다양한 형태로 유연하게 존재하는 사람들의 특성을 살펴봤습니다. 그들은 바로 어느 상황에서든 자신의 목소리, 평상시에 사용하는 자기의 목소리를 낼 수 있는 사람들입니다. 제가 보기에는 이것은 하나의 기술, 난이도 높은 소통을 가능케 하는 비기입니다. 상대는 대화하며 느낌으로 압니다. 저 사람의 말투가 평상시의 말투인지, 지금의 상황에서만 사용하는 특수한 말투인지를요.

평상시 자신의 주파수 소리를 내지 않으면 사람들이 부자연스럽다고 느낍니다. 목소리는 폐에서 나온 공기가 성대를 진동시켜 목구멍을 통과해 윗입술, 아랫입술, 혀끝 등 다양한 근육으로 발음을 만들어 나옵니다. 성경에 보면 첫 번째 시작인 창세기 1장에 하나님이 사람에게 숨을 불어넣었다고 쓰여 있습니다. 숨과 호흡, 영혼은 성경에 사용된 히브리어에서 동일한 단어입니다. 호흡을 통해서 상대의 소리를 들을 수 있고, 소리를 통해서 상대의 영혼을 유추할 수 있는 것입니다.

영혼을 더 쉬운 말로 풀이하면, 그 사람의 자세와 태도입니다. 사람들은 상대방의 실력이 높고 자세는 낮을 때 권위를 느낍니다. 진정한 권위를 가진 사람의 메시지는 누구에게나 통합니다. 그런데 자세와 태도가 나쁘면 아무리 옳고 좋은 말을 해도 수용이 안 됩니다. 어른의 말을 젊은 층이 안 듣는다면, 틀린 말을 해서가 아니라 말하는 사람의 '자세와 태도'가 '틀려서' 듣지 않는 경우가 더 많습니다.

나는 어떤 사람인가. 고체로 굳은 사람인가, 언제든지 액체나 기체로 유연해질 수 있는 사람인가. 내 목소리의 주파수는 자연스럽고 편안한가. 메시지를 전달하고 싶은 사람이라면, 한번쯤 이 질문을 스스로에게 던져보세요. 자신의 자세와 태도도 살펴보시고요. 유연해지고 편안해질 때, 우리 소통은 조금 더 원활해집니다.

사랑 언어 번역기

저희보다 위 세대 어른들은 '사랑한다', '보고 싶다' 이런 다정한 말을 잘 쓰지 않는 세상에서 살았습니다. 그렇다고 사랑이 없고, 보고 싶은 마음이 없었을까요. 단지 그 단어로 표현하지 않았을 뿐입니다. 대신 일상의 말로 표현하는 거지요. "아버지, 이번 명절에 내려갈게요" 하면 아버지는 이렇게 말씀하시죠. "바쁜데 뭐 하러 내려오냐." 이건 내려오라는 뜻이에요. 보고 싶으니, 이번 명절에는 꼭 얼굴 보자는 말이죠.

무뚝뚝한 아버지 어머니라 해도 사랑과 그리움이 없는 것이 아닙니다. 아들과 딸이 자랑스럽지 않은 것도 아니고, 걱정되지 않는 것도 아니에요. 그저 당신이 들어본 적이 없는 말이라 쓸 줄을 모르는 것이에요. 그래서 당신의 일상 언어를 사랑한다는 말 대신 씁니다. 너무나 일상적인 말들이라 알아채기 어려울 수도 있습니다. 하지만 잘 들으면 일상의 언어가 사랑의 언어로 번역되어 들릴 거예요.

'밥 먹었냐'는 건 '사랑한다'는 말이고, '올 거 없다'는 건 '그립다'는 말이고, '별일 없냐'는 건 '내가 널 항시 걱정한다'는 말이고, '그런 건 쓸데없이 뭐 하러 사주냐'는 건 '네가 힘들 게 돈 버는 게 안쓰럽고, 항상 고맙다'는 말이라는 걸요.

내가 너무 여유가 없으면 그 언어가 잘 안 들립니다. 잘못 해석하고 오해하고 짜증내고 화내고 후회하기를 반복합니다. 부디 우리 부모님이 더 나이가 드시기 전에, 부모님과의 관계가 더 멀어지기 전에, 그 소리들이 번역되어 들리셨으면 좋겠습니다.

어머니의 '좋아요' 버튼을 누르세요

사람마다 자신의 무대가 필요합니다. 그런데 제 어머니 세대는 자신의 무대가 없었습니다. 그분들에게 가장 큰 무대는 주방이었던 것 같습니다. 주방에서만큼은 어머니들 자신의 내공과 실력을 마음껏 펼칠 수 있고, 가족 앞에 내놓은 음식으로 인정받을 수도 있었습니다. 그런데 동시에 평가절하당한 부분이기도 합니다. 오랜 세월 여성의 살림과 돌봄 노동은 인정받지 못했습니다.

자신의 런웨이와 무대가 없는 시대를 산 우리 어머니 세대에게 음식은 단순히 먹는 것이 아닙니다. 그것이야말로 어머니의 인스타그램이고 유튜브 계정입니다. 인간은 모두 똑같습니다. 자신 안에 있는 것을 밖으로 표현해서 그것을 인정받고 싶어 합니다. 어머니라고 다를까요. 어머니 역시 반응을 받고 싶습니다. 반응이 하나도 없으면 내 존재가 없어지는 느낌을 받기도 합니다.

사람의 관계는 액션과 리액션으로 구성됩니다. 그걸 통해 사랑도 느끼는 것입니다. 어머니 세대와 소통할 때 친어머니든 시어머니든 장모님이든 어려움을 느낄 수 있습니다. 그럴 땐 먼저 '좋아요' 버튼을 한 번씩 눌러주세요. 어머니가 차려주신 밥상 앞에서는 "역시 우리 엄마가 해준 음식이 최고야", 큰손 시어머니와 명절에 부딪친다면 "저는 하루 하는 것도 이렇게 힘든데 어머니는 이렇게 힘든 걸 어떻게 때때마다 해오셨어요" 하며 어머니를 진심으로 인정해주십시오. 어머니의 삶의 계정에 '좋아요'를 누르는 것과 마찬가지입니다. 습관적으로 무심하게 누르는 '좋아요'가 아닌, 진심을 담은 '좋아요'를 말이지요.

목소리 큰 사람이 이긴다고들 말하지만, 사실 이해와 공감의 말이 가장 힘이 셉니다. 어머니 세대, 부모님 세대의 노고에 대한 인정을 먼저 해주세요. 그의 세월과 무대에 진심으로 박수를 쳐주세요. 그러면 관계는 절로 좋아지는 방향으로 흐르기 시작합니다.

인정의 말들 1

사람에게 살면서 필요한 것 중 하나가 '인정'이라고 생각합니다. 사람이 의식주만 가지고 사는 것이 아닙니다. 인정은 특히 어린아이에게 많이 필요합니다. 그런데 한국 문화는 인정보다는 평가를 많이 합니다. 부모가 자녀를 양육할 때 가장 많이 하는 말 중에 하나가 "잘했어"입니다. 그런데 "잘했어"는 칭찬보다는 평가에 가깝습니다. '나' 중심의 언어입니다. 평가자로서 너의 행위를 좋게 판정하는 것이지요. "잘했어"의 반대말을 생각해보면 바로 알 수 있습니다. 그 반대말이 "못했어"이니까요. 자칫 잘못하면 바로 '못했어'가 되는 세상에서 아이가 자라납니다.

몇 년을 앓다가 이혼을 결심하고 엄마에게 말한 한 여성분이 계십니다. 여러분이 엄마라면 첫마디로 무슨 말을 하시겠습니까?

"너 이혼해도 엄마 딸이다. 결혼 전에도 엄마 딸이었고, 너랑 엄마 사이에 변한 것은 하나도 없어. 엄마도 속상한데, 네가 이혼하는 게 속상한 것이 아니라 엄마한테 말 못하고 우리 딸 혼자 얼마나 힘들었을까 생각하니 그게 속상해. 엄마는 항상 너의 엄마야."

이런 말을 들으면 딸의 마음에 눈물이 나면서 어떤 어려움도 헤쳐 나갈 용기가 생길 것입니다.

인정할 때는 이렇게 해주세요. 인정의 다른 이름은 '감탄'입니다. "잘했어"라는 평가의 언어가 아니라, 얼굴과 온몸에 감탄의 기운을 채우고 "우와! 엄마도 이렇게 좋은데 넌 엄청 좋겠다!"라고 하는 것이 진정한 인정입니다. 이 말에서 주인공은 '너'이고, 너의 기쁨에 내가 기쁘다는 최고의 표현입니다. 자녀가 있으시다면 꼭 기억해주세요. 작은 순간도 감탄하면서 인정의 말로 아이를 삶의 주인공으로 세워주십시오.

인정의 말들 2

나의 가장 가까운 사람에게 인정을 받고 싶었습니다. 인정에 결핍이 있으니 극단주의자가 되어버렸습니다. 증상의 첫 번째는 누가 인정을 하면 그것을 받아들이지 않았습니다. 어릴 때 칭찬을 받아본 적이 없으니까 인정을 해줘도 스스로 받아들이질 못합니다. 그리고 나를 모르는 사람이 칭찬하는 것을 칭찬이라고 생각을 안 합니다. "강연 너무 좋았습니다"라는 피드백을 받으면 그대로 받아들이고, "고맙습니다" 하면 되는데, 속으로 '저 마음, 언제 변할지 몰라'라고 의심합니다. 내 안의 내가 나에게 말을 겁니다. '꼭 이럴 때 안 좋은 일이 생겨. 조심해!' 이렇게요. 그러니 삶에 축제가 없습니다.

인생을 계속 주의하고 경계하고 겸손해하며 삽니다. 나의 시간에 대한 인정이 없으니 인생이 억울합니다. 제가 그것을 인식하고부터 나에게 오는 칭찬을 고맙게 받자고 다짐했습니다. 안 그러면 나의 아이들이랑 후배, 배우자에게까지 엄한 선생처럼 되어버릴 테니까요. 인정하지 못한 자가 인정할 수 없는 법이니까요. 나 자신이 내게 했듯이 똑같이 하려 들 테니까요. 어쩌면 우리는 신에게 원했던 것을 인간에게 원하거나, 아버지나 어머니에게 받아야 할 것을 다른 사람에게 받으려고 하는지도 모르겠습니다.

한번은 자신의 딸이 걱정이라며 상담을 요청하신 어머님이 계셨습니다. 딸은 심성이 착해서 자기 일이 있는데도 주변 친구들을 돕는 일에 시간을 먼저 쓴다고 합니다. 게다가 자신이 도움이 필요한 순간에는 도움을 요청하지 못하고 혼자서 전전긍긍한다고 말이지요. 그런 딸의 모습을 보면 속상하고, 또 젊은 시절 본인의 모습이 떠올라 더 마음이 아프다는 말씀이셨습니다. 부모는 그런 것 같습니다. 자신을 닮은 자녀를 보는 마음이, 흐뭇하고 기뻐야 할 것 같은데, 보통은 안쓰럽고 답답하고 교정해주고 싶어집니다.

어머님은 딸에게 말씀하셨다고 합니다.

"네가 친구들을 돕는 건 좋아. 더불어 사는 사회니까. 그런데 정작 너는 왜 도움을 받지 못하니? 엄마가 살아온 세월을 돌아보니 그건 결코 좋은 건 아닌 거 같아. 서로 도움을 주고받을 수 있는 관계를 형성하면 좋겠어. 일방적으로 네가 돕는 관계는 장기적으로 좋지 않아."

어머님의 말씀도 옳고, 그렇다고 한번에 성향이 바뀌지 않는 딸의 입장도 이해가 갔습니다. 저는 어머님께 장기적인 인생의 길에서 바라볼 땐 달리 보일 것이라고, 너무 속상해하지 마시라고 말씀드렸습니다.

세상에는 머리가 영리하고 계산이 빨라 필요한 것을 얼른 취하는 사람이 있습니다. 반면, 셈이 느리고 늘 손해를 보는 것 같은 사람도 있습니다. 영화 〈쿵푸팬터〉를 보면 쿵푸의 비법은 호랑이나 원숭이 같은 기술이 좋은 친구들이 아닌 조금 느리고 무뎌 보이는, 꾀부리거나 쉽게 취하려고 하지 않는 팬더에게 전수됩니다. 약간은 둔하고 부족하고 느려 보이는 자녀를 바라보는 양육자의 마음은 너무도 안타까울 것입니다. 과거의 자신이 그런 모습이었다면 더더욱이요. 그러나 중장기적으로는 그런 자녀가 잘될 확률이 높습니다. 삶의 비밀을 정공법으로 체득하는 중이니까요.

여우처럼, 토끼처럼 꾀를 내고 재빠르게 자신의 이득을 취하지 못한다 해도, 그런 자녀를 뒤에서 믿고 지켜봐주시면 좋겠습니다. 그리고 "엄마는 너의 이런 모습이 정말 자랑스럽고 대견해"라고 말해주셨으면 합니다. "너, 잘하고 있어"라는 말보다 "너, 참 멋진 사람이야"라는 말로 아이의 자아존중감을 올려주세요.

우리 삶의 비닐하우스

일반 감귤에 비해 당도가 높고 과즙이 풍부한 한라봉, 천혜향, 레드향 같은 만감류 인기가 점점 높아집니다. 이런 과일들은 대부분 하우스 안에서 자랍니다. 온도가 18도, 16도 점점 아래로 내려가게 되면 나무에 잎이 우거지고 심지어 꽃도 피는데, 그렇게 되면 열매가 잘 열리지 않는다고 합니다. 겉으로 보기엔 멀쩡하고 튼튼한 나무인데 열매를 잘 맺지 못하는 거죠. 대신 온도가 따뜻하게 유지되는 비닐하우스에서는 달고 맛있는 열매를 맺습니다.

너무 추운 곳에서 열매가 열리지 않는 건 사람도 비슷합니다. 물론, 시린 현실도 겪어보고 쓴맛도 봐야 성장하는 게 인간이라지만, 우리에게도 비닐하우스 같은 환경이 필요합니다. 온실 속의 화초가 되라는 말이 아닙니다. 삶의 역경과 고난을 겪지 말라는 말도 물론 아닙니다. 하루에도 몇 번씩 맞닥뜨리는 크고 작은 문제들과 갈등, 그런 어려움을 겪고 나서, 돌아가 따뜻하게 쉴 수 있고 잘 자라 열매 맺을 수 있는 비닐하우스가 필요하다는 의미입니다.

아직 성장하는 어린아이에게는 정서적으로 안정되어 있는 따뜻한 가정이 비닐하우스가 되어줄 것입니다. 좋은 언어를 사용하는 가정, 아이의 생각과 행동을 존중하는 분위기의 가정, 이런 곳에서 자란 아이는 달고 단단한 열매를 맺을 수 있습니다. 자신의 성장 환경이 그렇지 않았다고 포기할 일도 아닙니다. 지금이라도 스스로 나에게 그런 비닐하우스를 만들어주면 됩니다. 좋은 책이나 좋은 영화, 푹 빠져서 시간을 보내는 취미 생활이 될 수도 있고, 학교와 사회에서 만난 좋은 어른이 그런 존재가 되어줄 수도 있습니다. 혹은 종교가, 혹은 성인이 되어 새롭게 만든 가정이 나의 비닐하우스가 되어줄 수도 있습니다. 실수하고 실패해도 돌아가 회복할 수 있는 나만의 장소를 만드시길 바랍니다. 그럴 때 우리는 비로소 달고 단단한, 건강한 열매를 맺을 수 있습니다.

삶에도 배음倍音이 중요합니다

저에게 처음으로 성악을 가르쳐준 선생님이 한번은 이런 말을 하시더군요.

"창옥아. 요즘 애들은 말이야. 우리 공부할 때랑 엄청 달라졌다. 아니, 요즘은 전부 다 음악을 이어폰으로 들어. 그래서 어떤 현상이 일어나는 줄 아니? 이미 고인이 된 엄청난 대가의 소리가 유튜브에 다 있어. 그걸 이어폰으로 들어."

이어폰으로 듣는 것이 무슨 잘못인가 하시겠지만, 파일로 녹음된 음은 일단 아래 음과 위 음을 깎아냅니다. 깔끔한 사운드를 내기 위해서지요. 그래서 소리에 진짜 예민한 사람은 그런 소리를 싫어합니다. 아날로그 그대로의 소리를 듣기 원하는 사람들이 있거든요. 그래서 LP판이 여전히 사랑받고, 진공관 스피커에서 나오는 소리를 좋아하는 사람들이 있습니다. 소리에 아주 예민한 사람은 기계적인 소리보다 따뜻하고 아날로그적인 소리에 감동을 받지요.

소리에는 '배음'이라는 것이 있습니다. 특정 음이 발생할 때 그 음보다 높은 음들이 연속적으로 발생하는 현상을 말합니다. 예를 들어서 피아노에서 '도'를 치면 '도'만 생성되는 것이 아니라 그보다 높은 음들이 동시에 생깁니다. 소리에 예민한 사람은 이 배음을 느낄 수 있지요. 현장에서 음악을 들을 때 녹음된 음원보다 음이 더 풍성하다는 것을 아실 수 있을 것입니다.

그런데 요즘 대부분 음악하는 학생들이 이어폰으로 음악을 들으니, 소리의 컬러만 듣고 배음은 못 듣는다는 겁니다. 선생님이 이어서 말하기를 "창옥아, 요즘 학생들이 소리를 어떻게 내는지 아니? '엥—' 하고 이렇게 내. 그 컬러를 따라 하려고. 너무 많이 듣는 것도 좋지 않은데, 그걸 들어도 이어폰으로 들은 걸 따라 하려고 하니까 자기 소리도 안 나고 울림이 없어. 음악 듣기 편해져서 음악 전공자들은 음악의 본질과 더 멀어진 것 같아. 그 배음을 들을 수가 없어." 제가 성악을 공부할 때는 유튜브도 없고, 이어폰으로 듣는 것도 대중화되지 않았을 때라 수입 음반을 어렵게 구해 전축으로 듣거나 현장에 가서 듣고 감동을 받곤 했습니다.

사람은 모두 울림을 가지고 있습니다. 그런데 이 울림을 느끼려면 '현장'으로 나가야 합니다. 스마트폰이나 컴퓨터로 보는 것은 편리하지만 한계가 있습니다. 사람의 생생한 느낌을 다 담아내기 어렵거든요. 그래서 우리는 배음을 느낄 수 있는 현장에 가야 합니다.

강연 중 한 분이 중2 아들이 세상의 현장이 아닌 핸드폰만 보며 산다고 상담을 하셨습니다. 이런 경우가 많습니다. 핸드폰은 가상 세계입니다. 그중 게임은 완벽하게 만든 가짜 세계입니다. 아이들은 살아 있는 현장이 아닌 사이버월드로 자꾸 향합니다. 왜일까요? 제가 보기엔 사이버월드에는 액션과 리액션이 있고, 내가 아이템을 선정할 수 있다는 특징이 있습니다. 아이가 주도적으로 아이템을 구입할 수 있고, 아이가 특정 액션을 하면 바로 빵! 하고 즉각 리액션이 나옵니다.

그런데 살아 있는 현장에서는 아이가 선택할 수 있는 것이 많지 않습니다. 부모님이 '이거 해라, 저거 해라, 이게 좋다, 저건 나쁘다' 하시거든요. 주도성, 내가 선택할 수 있는 것이 없고, 뭘 해도 부모님이 리액션을 잘 안 해요. "어머! 너무 놀랍다" 이런 걸 안 하고, "됐어, 알았으니까 들어가 빨리" 이런 리액션만 있지요. 그러니 아이들이 사이버월드에 더 매력을 느낄 수밖에요.

부모는 기운으로 말하는 사람입니다. 언어는 단순하지 않습니다. 기운과 마음이 다 담겨 있는 것이 언어입니다. 제가 강연을 하면서 사람들에게 종종 못된 소리도 하는데, 사람들은 기분 나빠하지 않고 웃습니다. 왜 그럴까요? 제가 사람에 대한 배려와 따뜻한 마음을 가진 상태로 언어유희를 하고 있다는 걸, 기운으로 전달받기 때문입니다. 반대로 제 마음이 얼고 굳어 있는 상태로 아무리 예쁜 말을 한들 따뜻하게 전달되지 않을 것입니다.

마찬가지로 아무리 좋은 부모가 되고 싶다고 해도, 좋은 부모의 기운을 갖지 않는다면 아이는 그걸 다 느낄 것입니다. '괜찮다'라는 말을 하더라도 딱딱하고 차가운 느낌이라면 아이는 다 아는 거죠. 지금, 괜찮지 않다는 것을요. 말이 아니라, 중요한 건 기운입니다. 동물이 처음부터 인간의 말을 알아듣는 것은 아닙니다. "서!"라고 했을 때 '서'가 어떤 뜻인지 개는 알지 못합니다. 단지 기운을 느끼고 거기에 대해 언어의 의미를 감 잡는 것입니다. 칭찬할 때도 부드럽게 "잘했어, 잘했어" 하면 그 기운을 느끼는 것이죠. 비언어적 표현인 얼굴의 느낌, 목소리의 느낌, 그 사람에게서 나는 기운, 자세, 눈동자에 서린 감정, 그것을 아이는 다 동물처럼 알아차립니다. 엄마에게서 나오는 소리, "괜찮아"라는 말 한마디와 함께 나오는 수많은 주파수까지, 그 배음을 아이가 다 듣는 것이지요. 좋은 부모가 되고 싶다면, 좋은 기운으로 아이를 대하십시오. 그리고 아이에게 진정한 리액션을 해주십시오. 가상 세계에 머물지 않도록 살아 있는 진짜 현장에서 삶의 풍성한 배음을 들을 수 있도록 좋은 안내자가 되어주십시오. 아이는 어른보다 예민하게 듣고 느끼는 존재입니다.

사춘기도, 갱년기도 고마운 일입니다

흔히 사춘기를 '반항의 시기'라고 하는데, 내적으로 성장하고 정서적으로 독립하기 위해 몸부림치는, 마음이 견고해지는 중요한 시기입니다. 사춘기도 없이 그 시절을 지났다고 말하는 분들도 있습니다. 착하고 눈치 빠르고 집안 돌아가는 사정을 빤히 들여다본 장남과 장녀의 역할을 한 분들일수록 그러합니다. 또는 집안에 트러블메이커가 있거나 반대로 특출난 달란트가 있는 사람이 있어서 그 한 사람한테 집안의 에너지를 몰아줘야 할 때 자신의 혼돈을 홀로 삭힙니다. 저희 어머니도 늘 말씀하세요. "자식 새끼가 여섯인데, 전부 착해." 돌아보면, 착한 게 아니었어요. 어머니가 평생 힘들게 사시는 걸 봤으니까, 자식들 머릿속엔 '나라도 짐이 안 돼야지'라는 생각이 있었어요.

사춘기도 없이 잘 살아왔는데 뒤늦게 갱년기가 심하게 왔다는 한 분이 계셨습니다. 전 그분께 말했습니다.

"고마운 일입니다! 축하드려요!"

사춘기를 경험하지 않았기 때문에 갱년기가 심하게 온 것입니다. 언젠가 한 번은 찾아옵니다. 20대에 올 수도 있었고, 30대에 올 수도 있었는데, 갱년기 때 한꺼번에 찾아온 것이지요. 여기서 또 누른다면 50대, 60대, 그 이후에 심각한 정신적 문제가 찾아올지도 모릅니다. 그러니 지금 갱년기가 온 것을 반기고 감사하게 여기시길 바랍니다. 나에게도 잘된 일, 우리 집안에도 잘된 일입니다.

마찬가지로 내 아이에게 사춘기가 찾아왔다면 고맙게 생각하시길 바랍니다. '너 나이 때 그거 겪고 지나가야 한다.' 이런 마인드로 받아주세요. 신체도, 마음도, 뇌 발달도 폭발적으로 성장하는 필수 과정입니다. 아이러니하게도 우리는 우리 세대가 받은 교육에 대해 의문점을 가지면서도 자녀에게 똑같은 방식으로 교육하려 합니다. 아이에게 틈을 주지 않아요. 실수할 틈, 실패할 틈, 방황할 틈을 주지 않습니다.

지금 우리 아이가 "나 공부를 왜 해야 하는지 모르겠어. 내가 뭘 좋아하는지 찾아야겠어" 선언한다면, 좋은 인식을 가지고 있는 것입니다. 그럴 때 불안해하지 마시고 축하한다고 말해주세요. 그리고 아이가 허용할 수 있는 범위 안에서 대화를 나누고 싶다고 말해주세요. 아이는 마음이 편해야 자기 이야기를 하거든요. 그러면 크게 어긋나지 않고 그 시기를 잘 지나갈 것입니다.

저도 지금 갱년기 한복판을 지나고 있습니다. 자존심이 센 사람은 자신에게 갱년기가 찾아왔다는 사실을 인정하는 것조차 어렵습니다. 저도 그랬습니다. 잘 모르겠기도 하고, 인정하고 싶지도 않았습니다. 나에게 어떤 위기나 문제라고 인식되는 상황이 찾아왔다면, 좋아지기 위해서 먼저 인정해야 합니다. 그런데 인정을 안 하고 '어, 이상하다. 내가 왜 이러지' 하며 꾹 참고 버티면 진짜로 위기와 문제가 됩니다.

파도는 피할 수 없습니다. 그런데 방향키를 움직이는 건 우리가 노력하고 배우고 훈련해서 어느 정도 할 수 있습니다. 그러니 두려워 마시고, 갱년기의 파도를 잘 타시길 바랍니다. 지금이라도 찾아와준 나의 뒤늦은 사춘기에 고마워하면서요.

부모와 자녀 사이 의견 대립이 있을 때

살아온 삶을 돌아보면, 무엇 하나 계획한 대로 되지 않았습니다. 그런데 계획과 달라서, 예상과 달라서 더 좋은 세계를 만난 적도 많았습니다. 계획한 대로 되지 않았다고 해서 그것에 화를 내고 좌절하고 슬퍼하기보다는, 다시 고개를 들고 닫힌 문이 아닌 열려 있는 다른 문이 없나 찾아보시는 게 좋습니다.

자녀도 마찬가지입니다. 내 삶도 내 계획대로 안 됐는데, 자녀라고 내 계획대로 될 리 만무합니다. 그 이치를 알면서도 자녀 일은 왠지 불안하고 걱정이 앞섭니다. 근데 그렇게 안달복달하며 쥐락펴락하려 들면 자녀와의 관계까지 틀어질 확률이 높습니다.

과일을 재배할 때 당도를 높이는 방법은 물을 적게 주고 햇볕을 많이 받게 하는 것이라 합니다. 자녀도 비슷합니다. '자식농사'라고 하잖아요. 물을 많이 주고 햇볕은 조금 준 자녀는 밍밍합니다. 자녀에게 줄 수 있는 가장 좋은 것은 자녀를 향한 적절한 물과 햇빛입니다.

만약 아이와 입장 차이가 발생했을 때는, 저울의 '추'를 자녀에게 주십시오. 부모는 의견만 제시하시는 게 좋습니다. 가령 "아빠가 생각하기에는 이러이러하지만 우리 딸의 의지가 그렇다면 그렇게 하렴. 아빠는 힘닿는 대로 지원할게"라고 하는 것입니다.

말처럼 쉬운 게 아닙니다. 일단 부모가 되면 이게 잘 안 됩니다. 먼저 인생을 살아본 사람으로서, 자신이 보는 세상의 크기 안에서 컨설팅을 하게 되고 매뉴얼을 주려 합니다. 사실 부모도 이미 잘 알고 있어요. 그 방법이 별로 좋지도 않고, 먹히지도 않을 거라는 것도요. 머리로는 알고 있는데, 말이 먼저 나가고 있는 거지요.

지지와 지원은 다릅니다. 지원은 금전적, 경제적인 것입니다. 자녀가 대학 졸업을 앞두고 휴학하고 싶다면, 휴학하는 동안 학원도 다니고 유학도 가고 여행도 가고 싶어 할 때 경제적으로 도와준다면, 이것은 지원입니다. 반면 지지는 마음으로만 하는 것입니다. 부모가 결정하시면 됩니다. 지원만 할지, 지지만 할지, 지원과 지지 모두를 할지, 또는 둘 다 하지 않을지를요.

전 자녀가 부모에게 가장 많이 받아야 할 것은 지원이라 생각하지 않습니다. 오히려 지원을 너무 많이 해주면 자녀에게 독이 되기도 합니다. 자녀가 자신의 심장으로 피를 펌핑해 돌게 해야 하는데, 부모가 너무 좋은 기계로 대신 펌핑을 해주는 격입니다. 자녀의 심장은 힘을 잃고 약해집니다. 앞서 말한 과일 농사에서 물을 너무 많이 대주는 것이지요. 부모가 해줄 수 있는 가장 좋은 것은 햇빛을 가득 담은 지지입니다. 자신의 세계를 펼칠 수 있게 '추'를 넘겨주는 것입니다.

그리고 자녀 입장에 계신 분들께 드리고 싶은 말씀은, 부모와 의견이 부딪힐 때는 논리로 설득시키려 하거나 이기려 드는 것은 지혜롭지 못합니다. 부모에게는 부탁의 형식으로 말하는 것이 훨씬 좋습니다. 걱정도 되고 완벽하게 지원해주지 못하는 것에 대한 미안함이 부모에게는 항상 있으니까요.

저는 대화의 '햄버거 기법'을 추천합니다. 햄버거의 간단한 구성은 빵과 빵 사이에 패티입니다. 부모님께 진짜로 하고 싶은 말이 '패티'라면 그걸 그냥 주는 것이 아니라 빵과 빵 사이에 넣어서 드리는 거죠. 그 '빵'은 부모님에 대한 '인정'과 '감사'입니다. 지금까지 키워주시고 배려해주시고 생각해주신 데에 대한 감사와, 부모님 의견에 대한 인정의 말을 먼저 해야 합니다.

"아빠 말 다 이해하고 동의하는데, 내가 지금 마음의 준비가 안 됐어. 나를 믿고 나에게 1년만 더 기회를 줬으면 좋겠어."

부모님의 마음을 존중해주고 인정해주는 기운을 전해주셔야 부모의 마음도 처참하지 않습니다. 가족 안에서 의견 차이가 발생하는 일은 시간이 지날수록 많아집니다. 부모님은 나이가 드시고 자식의 세계가 커지면서, 삶의 가치관과 바라보는 시각이 달라지니까요. 그럴 때일수록 서로의 마음을 먼저 헤아리고 인정하고, 빵과 빵 사이에 패티를 넣어 건네는 것이 좋습니다.

다음 생에 다시 만나고 싶은 사람

운 좋게 저는 제 삶의 적기에 인생의 스승을 만나는 것 같습니다. 고두심 선생님을 만난 것도 그런 감사한 인연 중 하나입니다. 저는 제 삶을 프로듀싱하는 감독으로 늘 강한 모습을 보여야만 한다고 생각했습니다. 하지만 혼자 있을 때의 저는 여전히 아이 같고 나약하고 어리숙하고 부족했습니다. 그런 모습을 들키기 싫어 늘 가면을 썼습니다. 처음에는 사람들 앞에 나설 때 가벼운 화장을 하듯 자신을 숨겼습니다. 그런데 그 화장을 지울 새도 없이 계속 덧바르기만 하게 된 것이죠. 괜찮은 척, 강한 척, 아무 문제 없는 척, 이쯤은 다 아는 척. 두껍게 두껍게.

고두심 선생님과는 여행 프로그램을 함께 촬영했습니다. 밥 먹고 운전하며 이동하고 대화를 나누었습니다. 긴 시간 함께 있는데도 선생님은 저에게 인생에 대해서는 한마디 말씀도 하지 않으셨습니다. '창옥아, 이렇게 살아, 저렇게 살아' 하지 않으셨습니다. 그럼에도 저는 느끼는 게 너무 많았습니다. 배우는 게 너무 많은 거예요.

선생님은 제가 살아남기 위해 삶 자체를 너무 치열하게 대한다는 것을 알아차리신 듯했습니다. 무대에서는 유머가 있고 웃음이 많지만, 무대를 떠난 저는 늘 양미간에 주름을 잡은 채 심각하고 진지했으니까요. 선생님은 긴 말씀을 하지는 않으셨습니다. 예의 있고 조심스럽게 말씀하셨어요. 일을 조금 줄이면 좋겠다고.

선생님이 삶을 대하는 태도는 존경스러웠습니다. 인상 깊었던 말씀 중 하나는, 다음 생에 다시 태어난다면 '유명한 배우가 되고 성공을 해서 돈을 많이 벌고…' 같은 소원이 없다고 했습니다. 다만, 다음 생에 다시 태어난다면 선생님의 어머니 아버지와 어떤 인연으로라도 만나고 싶다고 하셨습니다. 저는 그런 분을 주변에서 뵌 적이 없었습니다. 선생님과 대화를 하다 보면, 선생님은 부모님으로부터 좋은 언어를 듣고, 정서적으로 좋은 유산을 받으셨다는 걸 알 수 있었습니다.

선생님의 어머님은 학교에 다니진 못하셨지만 지혜롭고 인자하고 항상 잔잔한 미소를 짓고 계셨다고 합니다. 제주도 출신인 고두심 선생님은, 어머님 살아 계실 때 제주도에 와서 촬영을 하면, 어머니는 딸이 제주도에 왔으니 집에서 밥을 먹을 거라 생각하시고 밥상을 차려놓고 기다리셨다고 합니다. 전화도 변변치 않던 시절이라 촬영이 끝나고 뒤풀이까지 마치고 밤늦게 집에 돌아와 "엄마, 그냥 밥 먹지 무사 기다렸수까" 하면 어머니는 "새들도 고목나무에는 안 앉으니께니" 하시며 웃고 말았다 합니다. 당신은 고목나무라는 것이죠, 너는 새고. 젊고 밖에서 할 일 많은 내 딸이 늙은 어미에게 오지 않는 것을 이해하신다는 것이죠. 웃으시면서. 서운해하실 만도 하고, 원망하고 탓하실 만도 한데, 어머니는 인자하게 웃으며 딸의 마음에 짐을 지우지 않으셨던 것이죠.

고두심 선생님은 어머님께 누구보다 좋은 교육을 받으셨다는 생각이 들었습니다. 학교에서 '이렇게 살아라, 저렇게 살아라, 이것이 옳고, 이것이 그르다' 하는 교육이 아닌, 살아 있는 교육을 말이지요. 그런 교육을 받고 자란 딸은 '다음 생이 있다면 어머니와 아버지와 어떤 인연으로라도 다시 만나고 싶은 게 내 인생 최고의 소원이다'라고 말하고 있었습니다. 저는 저의 아이들에게 어떤 아버지로 기억될까요. 선생님을 뵙고 삶의 화두를 하나 얻은 듯했습니다. 나는 너무 빡빡한 것이 아닌가, 너무 경직되고 긴장하며 살고 있는 것이 아닌가, 사람들에게 곁을 내주지 못하고 있는 것은 아닌가, 나는 내 아이들에게 '다음 생에 다시 만나고 싶은 사람'인가….

누군가를 변화시키겠다는 생각은 어쩌면 매우 오만한 생각일지도 모릅니다. 사람은 가르쳐 변화시키는 게 아닙니다. 손바닥 뒤집듯 바꾸려 하지 말고 서로에게 좋은 기운을 전해야 합니다. 서서히 물들게 하는 것이죠. 좋은 사람과의 만남이 주는 여운은 참으로 오래 지속되는 것 같습니다.

4 장

수정하는 법

우리 인생은 참 복잡하고 신비롭습니다.

잘나간다고 거만할 일도 아니고,

열심히 살았다고 방심할 일도 아닙니다.

그저 매순간 감사하고 겸허하게 삶을 대할 뿐입니다.

마음의 기어를 바꾸는 일

네덜란드, 독일, 벨기에 세 나라를 열흘간 여행했습니다. 그중 특히 네덜란드가 기억에 남는데요 풍차도 튤립도 운하도 아닌 바로 자전거 때문입니다. 네덜란드 사람들은 대부분 자전거를 타고 다닙니다. 자전거 전용도로가 넓게 잘 닦여 있고, 자전거 보관소도 어느 건물이든 마련되어 있어요. 실제로 네덜란드는 인구 대비 자전거 보유수가 가장 많은 나라라고 합니다. 자연스레 그들이 타고 다니는 자전거에 시선이 머물게 되었는데, 하나같이 디자인이 심플하고 예뻤습니다. 한국에서 사이클복 입고 타는 값이 꽤 나간다는 자전거들만 주로 보다가 이런 일상적인 자전거를 보니 마음이 편안해졌습니다. 웬만한 차만큼 비싸다는 자전거가 아닌 알루미늄으로 된 일명 '쌀집 자전거'라 부르는 자전거들이었습니다. 이 자전거를 픽시 자전거라고 하는데요, 기어도 없고 브레이크도 없습니다. 그러니 디자인이 간결하고 가벼워 보였던 거지요. 한국에 돌아가면 비슷한 자전거를 사서 매일 타고 다니겠다 다짐했죠.

한국으로 돌아와 이곳저곳 비교하며 알아본 끝에 미니멀한 디자인의 픽시 자전거 한 대를 구매했습니다. 자전거에 앉으니 마치 다시 네덜란드에 온 것만 같았습니다. 공기와 바람이 순식간에 암스테르담의 어느 평화로운 골목으로 데려다주는 것 같았어요. 하지만 이 설레는 기쁨의 감정은 단 한 번의 출근길에 산산이 깨지고 말았습니다.

제 사무실은 서울 해방촌에 있습니다. 남산 언덕이지요. 거의 모든 도로가 오르막과 내리막 경사로 이루어진 곳입니다. 이곳을 기어가 고정된 자전거로 오르는 것은 무리였습니다. 브레이크가 없어서 내려가는 것도 위험할 수 있고요. 결국 사무실까지 가는 내내 자전거를 끌고 언덕을 올라야만 했습니다. 두 배로 힘들어진 출근길 끝에 사무실에 도착해 자전거를 노려보며 가쁜 숨을 몰아쉬었습니다.

'나는 대체 무슨 생각으로 저 자전거를 고른 거지?'

네덜란드에서 픽시 자전거를 탈 수 있는 이유는 대부분의 길이 평지로 이루어졌기 때문입니다. 크게 힘을 들이지 않아도 자전거가 잘 굴러갈 수 있습니다. 하지만 제가 사는 곳은 대부분 오르막길입니다. 기어를 변속해서 올라야 하는 도로가 있고, 브레이크를 밟으며 서서히 내려가야 하는 도로도 있습니다. 제 마음에 들었던 자전거는 평평한 도로의 네덜란드에서는 최적의 교통수단이지만, 오르막이 있는 해방촌에서는 짐이 될 뿐이었습니다.

그럼 이 자전거는 버려야 할까요? 아닙니다. 기어를 추가 설치해서 타고 다니면 됩니다. 제가 사는 곳을 네덜란드로 바꿀 수는 없으니까요. 현재 내 상황에 맞춰서 자전거를 수리하면 해결되는 일입니다.

인생은 환경으로 정해지지 않습니다. 환경에 대한 자신의 자세와 태도로 정해집니다. 환경은 계속해서 변하죠. '예전에는 돈이 많았는데', '나 잘나갔었는데', '참 젊고 예뻤는데', '그 사람한테 사랑받았었는데' 하며 이전의 상황에 고착되기 쉽습니다. 마치 고정된 기어처럼요. 누군가 말했습니다. 실패의 반은 잘나가던 때의 향수에서 비롯된다고.

이대로는 앞으로 나아갈 수 없습니다. 잘나가던 옛 시절 생각해봐야, 지금 눈앞에 있는 비탈진 길을 지나갈 수 없습니다. 지금 처한 상황과 환경을 당장 바꿀 수 없다면, 가장 용이한 건 마음의 기어를 바꿔보는 일이라고 생각합니다. 지금 자신이 할 수 있는 일에 집중하는 것이지요.

만약 직장 생활이 만족스럽지 않다면 일단 내가 일하는 방식에 변화를 줘보세요. 일 처리 과정을 새롭게 정립해보거나, 인간관계에 쓰는 에너지를 적절히 분배하는 연습을 시도하는 거예요. 그래도 해결되지 않는다면 그때 부서 이동을 신청하거나, 이직 또는 퇴사를 고민해볼 수도 있겠죠.

어쩌면 완벽한 배경이나 상황은 존재하지 않을지도 모릅니다. 내가 적응하고 맞춰가는 환경만 있을 뿐입니다. 그래서 어떤 사람은 쉽게 익숙해지는 공간이 누군가에게는 한시도 머물기 힘든 지옥 같은 공간일 수 있습니다. 사람도 마찬가지이고요. 적응하고 맞춰가는 그 과정이 너무나 힘겹거나 고통스럽다면 내 삶의 방식을 먼저 점검해보고, 그래도 해결되지 않는다면 새로운 환경을 찾아가는 것도 좋은 방법이 될 것입니다. 페달이 잘 밟히지 않을 땐 내 마음의 기어를 조정해보는 것이 우선입니다.

'돌아이'로 살아도 괜찮습니다

강연을 할 때 다양한 시도를 해보려 합니다. 전문 수송 차량을 동원해 화가의 작품을 무대에 올려놓고 강의를 하기도 하고, 연주자를 초청해 음악과 함께 강의를 하기도 합니다. 발레와 강의, 오케스트라와 강의, 메밀밭에서 강의…. 사실 그냥 해도 무방합니다. 그 한두 시간을 위해 많은 수고와 비용을 들일 필요가 없습니다. 저도 생각합니다. '나는 왜 이런 시도를 하지? 왜 또 번거롭게 새로운 걸 해보려 하지?'

만약 남들이 하는 방식이 아닌 다른 방식으로 뭔가를 하려는 것이 단지 눈에 띄기 위한 것이라면, 그것은 우리의 영혼이 외롭기 때문입니다. 사랑과 관심, 남의 시선을 받아서 내가 살아 있음을 느끼고 싶은 것이지요. 혼자 있고 싶지 않아서, 결핍을 채우고 싶어서, 다른 사람에게 주목받고 인정받고 싶은 것이지요. 이것을 나쁘다고 할 수는 없습니다. 하지만 본질을 외면한 채 이런 방식으로 땜빵하듯 넘기면, 시간이 지날수록 외로움은 깊어질 것입니다. 그리고 나중에는 이상한 갑옷이 내 온몸에 둘러질지도 모르죠.

하지만 새로운 시도, 남들과는 다른 방식을 추구하는 것이 내 안의 작은 씨앗에서 비롯된 것이라면, 누가 어떤 평가를 하든 관계없이 그것을 따라가십시오. '왜 굳이 저렇게 하지?', '가성비가 떨어지지 않나?', '튀고 싶어서 환장을 했군', '저런다고 누가 알아줄 줄 아나'…. 누군간 떠들고 싶은 대로 떠들 것입니다. 내 안에서 어떤 희열이 샘솟는 줄도 모르고. 내 안에서 어떤 아이디어가 넘치는 줄도 모르고. 내 안에서 광기와도 같은 만족이 한껏 채워지는 줄도 모르고.

남들에게 피해를 주는 일이 아니라면, 남들과 좀 달라도 괜찮습니다. 남들과 다른 방식을 추구해도 괜찮습니다. '관종' 소리를 들어도 괜찮습니다. 내 안의 무언가를 꺼내 보여주고 싶은 일이라면 조금은 특별해도 괜찮습니다.

내가 삶에서 받은 패

인생은 고스톱입니다. 부모를 잘 만나 좋은 가정에 태어났다면 첫 패를 잘 받은 것과 같아요. 부모가 부자면 자식이 편하죠. 부정할 수 없는 사실입니다. 부모의 언어가 좋으면 그 좋은 언어도 상속받습니다. 좋은 유전자는 생물학적으로 대물림됩니다. 그러니 부모 잘 만난 사람은 좋은 패를 잡고 시작하는 것과 마찬가지입니다.

저는 강사가 되고 싶어서 된 것은 아니었습니다. 특별히 사람들 앞에서 말을 잘하고 싶다거나, 소통을 공부해서 전문가가 되어야겠다 생각한 것도 아니었습니다. 청각장애인이셨던 아버지와 평생 대화다운 대화를 해본 적이 없었고,

아버지의 장애에 대해서 가족 안에서 대화 주제로 꺼내본 적도 없습니다. 부모는 제게 소통에 대한 갈급함을 줬다는 것을 뒤늦게 깨달았습니다. 그 목마름이 저로 하여금 물가를 찾게 했습니다. 그리고 어머니는 말솜씨가 좋으셨습니다. 삶에 대한 해학이 탁월하셨어요. 삶의 고단함과 슬픔을 재담으로 승화하는 어머니의 능력이 저를 소통 관련 강사가 되게끔 이끌었습니다. 태어나면서부터 저에게 주어진 '패'입니다.

그런데 고스톱은 패로만 결정되는 것은 아닙니다. 광이 네 개가 들어왔어도 써 먹을 줄 알아야 합니다. 피를 먼저 먹어야 할지, 광을 먼저 먹어야 할지, 고도리를 먼저 공략할지, 청단에 집중해야 할지, 내 손에 쥔 패를 언제 써 먹을지 매순간 선택해야 합니다. 그냥 패만 잘 받아서 될 문제가 아닙니다.

그러니 두 번째로 중요한 것은, 받은 삶에 대한 자세와 태도입니다. 부모에게 많은 재산을 물려받았어도 방탕하게 산다면 그 돈은 금방 사라질 것입니다. 부모가 경제적으로 결핍을 물려줬다 해도 어떤 사람은 열심히 살아서 돈 벌어야지 다짐하는 사람이 있는 반면, 한평생 부모를 원망하며 자기 삶마저 허비하는 사람이 있습니다. 그런 사람을 처음 봤을 때는 '어려서 원망하는구나' 생각했습니다. 아니더라고요. 나이가 들어서까지도 부모를 원망합니다. 그리고 돈이 없을 때만 원망하는 줄 알았는데, 아니요, 돈이 생겨도 원망합니다. 누구의 손해일까요? 나의 손해입니다. 아버지와 어머니가 돌아가신 후에도 계속 미워하고 원망합니다. 이런 사람은 마음에 숯이 담긴 화로를 안고 사는 사람입니다. 자기의 가슴만 계속 타들어가는 것입니다.

부모로부터 결핍을 물려받았다 해도 우리가 좋은 자세와 태도를 갖춘다면 그것으로 인해 좋은 일이 생길 수 있습니다. 책도 읽고 배움을 주는 사람도 만나고 성실함을 장착하면, 비록 어려움이 있을지언정 삶을 개척할 수 있습니다.

마지막으로 중요한 것이 뒤패입니다. 고스톱에서 자주 뒤패가 안 맞으면 결국 게임에서 이길 수 없습니다. 저는 뒤패를 종교적인 단어로 '은혜'라고 부릅니다. 영어로 풀이하면 '갚을 수 없는 선물'이 은혜입니다. 살다 보면 전혀 예상치 못한 선물을 받기도 합니다. 부모에게 좋은 것을 물려받고 좋은 자세와 태도를 취한다고 해서 끝이 아닙니다. 뒤패가 잘 안 맞으면 열심히 살아도 잘 안 되는 경우가 있고,

그렇게 대단하게 살지 않았는데도 희한하게 도움의 손길이 나타날 때가 있습니다. 자수성가했다고 '부모가 나에게 해준 게 뭐가 있어? 세상이 나에게 해준 게 뭐가 있어?' 하는 건 말이 안 됩니다. 열심히 한다고 다 되는 것은 또 아니거든요. 삶에 대해 우리가 전부 다 알 수 없습니다. 참 복잡하고 신비롭습니다. 첫 패를 잘 받았다고 거만할 일도 아니고, 열심히 살았다고 방심할 일도 아닙니다. 우리가 할 수 있는 건 그저 매순간 감사하고 겸허하게 삶을 대하는 일뿐입니다.

쪽팔림은 한순간

얼마 전 제가 지금껏 사 모은 빈티지 가구, 조명, 소품, 옷 등을 전시하고 판매하는 작은 가게를 열었습니다. 제가 자리 잡은 가게 주변에는 정육식당이 있고, 꿀떡을 팔고, 참기름 짜는 가게들이 자리하고 있습니다. 상업 지구가 아닌, 주민이 오고 가는 평범한 동네예요. 디자인과 관련된 가게를 열기에는 조금 동떨어져 보이는 장소였지만 이 건물을 보자마자 한눈에 반했습니다. 몇 달의 공사 후 제가 아끼고 좋아하는 것들을 모아 전시하는 공간으로 완성했습니다.

그리고 가게 오픈 날. 이 사람 저 사람, 사돈의 팔촌까지

홍보해도 모자를 판에 저는 이곳에 와줄 것 같은 아주 가까운 지인들에게만 소식을 알렸습니다. 예전에 가깝게 지냈던 사람들, 인맥이 넓은 사람들, 팔로워가 많은 인플루언서, 방송 관계자분들 등 제가 직접 알거나 한 다리만 건너도 부탁할 수 있는 분들도 많았지만 누구에게도 연락하지 못했습니다. 그저 일주일에 최소 한두 번씩은 통화를 하거나, 밥을 먹거나, 일상적으로 자주 만나는 분들에게만 연락했습니다. 그러다 우연히 엔터테인먼트 관계자분을 만나 이야기를 나누던 중 가게를 오픈했다는 소식을 전하게 되었습니다. 용기를 내서 시간 되면 한번 놀러오시라는 말도 함께요. 그러자 너무도 반갑게 "초대해줘서 고마워요. 제가 아는 분 중에 디자인 회사 운영하는 분이 있는데 같이 가볼게요. 아마 도움이 되실 거예요"라며 흔쾌히 수락하는 게 아닌가요.

이분과 대화를 하며 비로소 알게 되었습니다. 그동안 제가 가게를 오픈했다는 소식을 조금 먼 지인들에게까지 전하지 못한 이유를요. 바로, 거절당할까 봐 말하지 못했던 것입니다. 오픈했으니 한번 와달라고, 주변에도 좀 알려달라고 부탁했다가 '시간이 안 돼서', '거리가 멀어서', '다른 일로 바빠서' 등등 거절의 말을 들을까 두려워 전하지 못했던 것입니다. 하지만 사람들은 제가 걱정했던 것과는 달리 기쁜 마음으로 부탁을 들어주었고, 오히려 부탁을 해줘서 고맙다고 말했습니다.

또 한번 제 생각을 깨뜨려준 사람이 있습니다. 회사에 새로 매니저 일을 담당하시는 분이 들어왔는데, 일을 정말 잘하는 분이었습니다. 특히 그분은 '부탁의 달인'이었습니다. 저였다면 혼자 해결해보겠다고 끙끙댈 일도 매니저는 해결이 될 때까지 이 일을 잘 알 만한 주변 사람, 혹은 모르는 사람까지 수소문해서 문제를 처리했습니다. 어쩜 그렇게 부탁을 잘하는지, 나는 창피해서 남들에게 부탁을 잘 못하겠다고, 참 대단하다고 말하니 매니저는 이렇게 이야기하더군요.

"대표님, 쪽팔림은 한순간이에요. 상대방이 안 된다고 하면 잠시 쪽팔리거든요? 그런데 괜찮아요. 쪽팔리는 건 한순간이니까요. 어차피 다들 금방 잊어버려요. 그리고 제안했는데 안 될 것 같은 일이 막상 성사되면 엄청 큰 성취감을 느껴요."

저는 여태껏 제안하고 거절당하면 괜히 말했다 싶고, 그 사람을 다시 보기 어렵겠구나 생각이 들 정도로 깊이 좌절했습니다. 또 사소한 부탁이라도 해야 할 일이 생기면, 폐를 끼치는 것 같아 말을 꺼내기가 너무도 어려웠습니다.

실은 참 못난 마음이었던 것입니다. 제안을 거절한 사람은 본인의 사정과 입장에서 객관적인 대응을 한 것일 뿐, 제 존재를 거절하고 거부한 것이 아니었습니다. 또 사소한 부탁을 받은 누군가는 본인이 돕거나 해결할 수 있는 일이 있어 흔쾌한 마음이었을 것입니다.

저처럼 남들에게 부탁을 잘 못하는 분이 계시다면, 저와 같이 뻔뻔해지는 연습을 해보셨으면 좋겠습니다. 저도 지금 실습 중에 있습니다. 사람들은 생각보다 부탁받는 것을 좋아하고, 남을 돕는 일을 좋아합니다. 저도 누군가의 부탁에 흔쾌히 응하며 선순환하면 될 일입니다. 제안할 일이 있어서 머뭇거리는 중이라면, 사람들은 생각보다 잘 잊어버린다는 사실, 잠깐의 쪽팔림을 견뎌내면 더 많은 기회의 문이 열리고, 새로운 관계들이 찾아올 수 있다는 사실을 잊지 마십시오. 무례함이 아니라면, 부탁을 한다는 것은 결국 누군가를 자신의 삶에 초대하는 일과도 닮아 있습니다.

나를 비추는 조명

인테리어 전문가들이 가장 쉽게 인테리어에 변화를 줄 수 있는 요소로 조명을 추천하곤 합니다. 조명 하나만으로 집의 분위기가 좌우되기 때문이에요. 백색의 쨍한 형광등 아래보다는 은은한 간접 조명을 집 안 여기저기 설치하면 훨씬 운치 있고 차분해지는 효과를 볼 수 있습니다. 가구의 위치를 바꾸지도 않았고, 벽지 색도 그대로인데 그 대상을 비추는 조명만으로 집의 느낌이 달라지는 효과를 볼 수 있는 거죠.

나는 그대로인데 나를 비추는 조명에 따라 우리는 다른 모습이 되곤 합니다. 오랜만에 할머니 댁에 가면 "아이고,

삐쩍 마른 것 좀 봐라" 하시며 밥공기가 빌 틈 없이 계속 해서 음식을 먹었던 경험 있지 않나요? 그런데 동시에 회사 동료는 "요즘 살 좀 붙었어? 운동 좀 해야 할 것 같은데?"라고 이야기해요. 할머니의 애정이 담긴 따뜻한 조명과, 동료의 무심한 조명이 나를 다르게 비추는 거예요. 우리도 마찬가지입니다. 우리가 받았던 조명의 빛으로, 우리 역시 관계 맺고 있는 다른 사람에게 빛을 쏘는 거지요.

저는 지금껏 가까운 사람들과 스스로를 마치 수술실에 설치된 강하게 내리꽂는 밝은 빛으로 비추며 살아온 것 같습니다. 내 상처와 흠집을 샅샅이 조명하고, 남의 결점과 흉도 놓친 부분은 없는지 살펴보려고 노력했어요. 하지만 시간이 지날수록 이런 적나라한 조명들에 피로해지는 건 다른 누구도 아닌 제 자신이었습니다.

때때로 얼룩과 결함을 감추는, 조도가 낮은 따스한 조명이 우리에게도 필요합니다. 꼭 모든 걸 정확하고 선명하게 볼 필요가 있을까요? 노안이 찾아와 작은 글씨가 안 보인다고 투덜대니, 어떤 선생님께서 말씀하셨어요. "우리가 나이가 들어가면서, 세상 모든 작은 것까지 다 선명하게 보인다면, 서로의 티끌까지 다 보게 된다면, 그 또한 서글프지 않을까요?"

서로의 궤도를 다시 맞추고 싶을 때

70대 노부부가 이혼을 하겠다고 가정법원 조정위원회에 왔습니다. 판사가 물어봅니다.

"할머니, 이렇게 오래 함께 사셨는데 지금에서 왜 이혼을 하세요?"

할머니가 최근 저녁으로 치킨을 시키셨대요. 치킨을 시키면 치킨무가 딸려오잖아요. 할아버지가 무 국물 버리고 오라고 하셨대요. 할머니가 부엌에 가서 무 국물을 버리고, 무를 그릇에 담아 왔는데, 그때 이혼을 결심하신 거예요. 할아버지가 치킨 다리 두 개를 다 먹어버리셨거든요. 무 국물 버리러 다녀온 사이에요. 할머니가 너무 화가 나서 더 이상 당신하고 못 살겠으니 이혼하자고 하셨대요. 할아버지는 어이가 없어서 "하나 더 시키면 되지! 노망났어?" 하고 버럭 화를 내셨대요. 할머니가 할아버지를 보고 이렇게 답하셨대요.

'나는 당신이 닭다리 두 개를 다 먹어서 화가 난 것이 아니다. 지난 40년을 당신이 날 이렇게 대했다. 그래서 난 이제 너무너무 그만 두고 싶다.'

닭다리는 별것 아닙니다. 닭다리는 상징입니다. 지난 세월 동안 항아리 안에 물방울 하나씩 차곡차곡 쌓아뒀던 설움이 닭다리라는 물방울 하나에 넘쳐버린 거지요.

요즘 젊은 분들도 아이 키우기 바빠서, 회사 일 하랴 집안일 하랴 버거워서, 대출 이자 갚는 일만으로도 아득해서, 서로를 살피지 못하고 살아오신 분들이 계실 거예요. 소원해진 관계를 이제 회복하고 싶은데 어디서부터 해야 할지 막막하신 분들도 계실 거예요.

오랜 시간 냉랭했다면, 서로의 행성이 나만의 자전과 공전으로, 나만의 속도로, 나만의 궤도를 만들면서 살아온 것과 마찬가지입니다. 긴 시간 동안 서로 어떠한 중력의 영향을 미치지 않고 살아왔는데, 갑자기 우리 이제 다시 만나서 태양계를 이루자고 하면 당황스러울 것입니다. 게다가 한쪽만 회복을 원할 경우에는 더더욱 쉽지 않습니다. 상대방은 혼자 힘들게 만들어놓은 궤도가 있으니, 이 궤도로 사는 것이 편할 수 있습니다. 그럴 때는 너무 빨리 서로의 궤도를 수정하려 하지 마십시오. 내 쪽으로 맞추라고 강요하지 마십시오. 서서히, 그 사람의 궤도를 인정해주면서, 내 궤도를 살짝씩 수정하면서 다가가십시오. 제가 보기에 인간관계는 사냥이 아니라 농사 같습니다. 365일 가꿔야 하는 일입니다.

완벽한 도시는 없다

제가 강연 중에 자주 하는 말 중 하나가 '삶은 공사중'이라는 것입니다. 우리 삶은 이미 잘 닦인 평탄한 길이 아니라는 것이죠. 오늘도 1, 2차선 막고 아스팔트를 까는 공사, 낡은 배관을 새것으로 교체하는 공사, 무너진 벽돌담을 다시 쌓아올리는 공사, 보도블록을 다시 까는 공사…. 이처럼 우리 삶은 늘 공사 중입니다.

한 대학생이 제 강연장에 찾아와 자신의 사연을 이야기해주었습니다. 2년 전에 휴학을 하고 일을 시작했는데 원하는 성과도 내지 못하고 믿었던 동료에게 배신도 당해서 우울증이 찾아왔다고 합니다. 정말 하고 싶은 일이었던지라 또래보다 빨리 꿈을 찾았다고만 생각했는데, '언제 쫓겨나는지 궁금하다'는 둥 동료들의 뒷소리까지 듣게 되니 자신감과 자존감, 사람에 대한 믿음을 다 잃은 것이지요.

저는 그분에게 '삶은 공사중'이라는 말씀을 드렸습니다. '나는 한번에 완벽하게 건설된 도시가 아니다'라는 것을 인정하는 것이 중요합니다. 이건 비단 그 대학생에게만 해당되는 이야기가 아닙니다. 나이가 스물이라 해당되는 이야기가 아닙니다. 우리가 목표하고 구성한 대로 도시가 완벽하게 만들어지지 않습니다. 앞으로도 우리는 삶에서 수많은 '공사중'이라는 안내판을 보게 될 것입니다. 마흔이 되고, 쉰이 넘어도 공사는 끝나지 않습니다. 나 자신이 고장 난 것이 아닙니다. 나의 존재를 그렇게 단정하는 것이 아니라, '삶은 공사중'이라는 이치를 깨닫는 것이 중요합니다. 더 큰 사고가 나지 않도록 경험하고 조심하고 고치면 되는 것입니다.

그렇게 하나씩 경험치를 쌓아갑니다. 그러고는 나와 같은 어려움을 겪고 있는 사람을 만나게 되면 그 누구보다 그 사람을 잘 이해하고 도와줄 수 있게 됩니다. 처음부터 잘하는 사람은 어려움을 겪는 사람을 이해하고 포용해주는 능력이 없습니다.

성악을 공부할 때 타고나게 잘하는 사람들을 관찰한 적이 있습니다. 그들은 자기처럼 잘하지 못하는 사람을 이해하지 못합니다. 답답함을 느끼고 다른 사람이 해야 할 부분을 자신이 해버리곤 "이렇게 하라고!" 말합니다. 실수도 해보고 실패도 해봐야 '사람'이 됩니다. 포기만 하지 않는다면, 그 누구보다 좋은 경험치를 쌓은 사람이 됩니다.

잘하지 못한 일, 그것이 바로 우리 삶의 '레슨 포인트'입니다. 그뿐입니다. 우리는 흔히 자신의 성과가 자신의 존재라고 착각합니다. 마치 명품가방을 들면 어깨에 힘이 들어가듯 말이죠. 세상에 보기 좋지 않은 모습이 두 가지라고 생각합니다. 좋은 가방을 들고 잘난 체하는 것과 좋지 않은 가방을 들었다고 힘이 빠져 있는 것입니다. 본질은 다른 곳에 있습니다. 여기에서 포기해버리면 얻을 수 있는 것은 없습니다. 여기에서 한걸음 나아가면 다른 사람은 얻지 못하는 나만의 배움을 얻습니다. 우리는 서로 성과로 판단한다고 비난하지만, 어쩌면 나를 가장 성과로 평가하는 존재는 나 자신일지도 모릅니다.

별남이 특별함으로

제가 자동차를 좋아하다 보니까, 어딜 가든 자동차가 먼저 눈에 들어옵니다. 예전에 미국에 갔을 때 도로 위 자동차를 구경하는 재미가 쏠쏠했습니다. 빨간색, 초록색, 파란색, 주황색, 황금색까지. 한국에서는 보기 드문 컬러의 차들이 지나가는데 시선을 뗄 수가 없었습니다. 차창에 선팅도 거의 되어 있지 않아서 사람 구경도 많이 했습니다. 우리나라 도로 위 차들은 대부분 흰색, 검은색, 회색이지요. 선팅도 아주 진하게 하고요. 남들 사이에 묻히고 싶어 하는 경향, 나는 상대방을 볼 수 있지만 상대방은 나를 보지 않았으면 하는 의지가 강하게 나타납니다.

나만이 가진 색을 드러내는 일, 왜 갈수록 힘들어질까요? 우리는 자신의 색이 강한 사람을 보면 '별나다'라는 판단을 쉽게 내립니다. "하는 짓이 참 별나", "별난 성격이야"라며 상대방이 가진 고유한 특성을 '별나다'는 프레임에 가둬서 보곤 합니다. 타인이 가진 특별한 개성을 인정하거나, 받아들여 배우기보다는 밀어내고 손가락질하는 경우도 많지요.

저는 이런 '별난' 사람들이 많이 모이는 강연장을 좋아합니다. 고민 사연을 적는 카드에 "제가 이상한 걸까요?", "제 성격을 고쳐야 할까요?" 같은 질문을 자주 마주합니다. 저는 단호하게 "아니요"라고 대답하고 싶어요. 보통 이런 사연을 소개하면 강연장에 앉아 있는 많은 분들이 격하게 고개를 끄덕이며 공감을 보냅니다. 사실 모두 드러내지 않을 뿐 비슷한 고민을 하고 있는 거죠. 조금만 자신에게 솔직해지면 더 많은 이들의 생각과 감정을 받아들일 수 있습니다.

문구점에 가면 크레파스에도 18색이 있고 24색이 있습니다. 더 많게는 36색, 48색까지도 있지요. 색이 다양할수록 더 풍부하고 창의적인 그림을 그릴 수 있습니다. 우리 모두에게도 더 많은 색이 있으면 좋겠습니다. 단 하나의 노란색이 아닌 초록에 가까운 노란색, 주황에 가까운 노란색이 있듯이요. 내 안에 더 많은 색이 있을 때 세상은 더 흥미로워집니다.

공동체가 건강할수록 그 사회는 더 다양한 색을 보여줍니다. 돈이 많은지 가난한지, 명문대를 나왔는지 지방대를 나왔는지, 대기업을 다니는지 중소기업을 다니는지, 결혼을 했는지 이혼을 했는지, 상반된 색으로 나누지 않습니다. 세상은 흑백으로 이루어져 있지 않죠. 우리 사회는, 그리고 그 구성원인 나는 얼마나 많은 색을 가졌는지 돌아볼 때가 아닐까요?

내 색을 찾는 일, 상대방의 색을 존중하는 일, 그리고 각자가 가진 색으로 또 다른 색을 만들어 칠해보는 일. 지금 우리에게 너무나 필요한 과제입니다. 우리, 그리고 앞으로의 세대가 더욱더 다양한 빛깔과 향을 가진 세상에서 살았으면 좋겠습니다. '별나다'고 배제되는 것이 아닌 개성과 특별함, 다양성을 인정하는 사회가 되면 좋겠습니다.

내 몸을 치약 짜듯
꾹꾹 눌러 쓰지 마세요

한창 너도나도 바디 프로필을 찍는 게 유행이던 때가 있었습니다. 헬스장 앞 입간판에 붙은 헬스트레이너들의 모습처럼 탄탄한 근육과 다부진 몸매를 한껏 드러낸 사진을 찍는 거예요. 나의 가장 젊은 날, 가장 건강한 모습을 남겨두기 위해 운동과 식단을 병행하며 최상의 몸을 만들기 위해 노력합니다. 사진을 찍기 하루 이틀 전에는 근육이 더 잘 보이게 하기 위해서 물조차 안 마시는 분들도 있더라고요. 짧게는 한 달, 길게는 6개월간 몸을 만들어 카메라 앞에 섭니다. 먹고 싶은 거 안 먹고, 하기 싫어도 운동하고, 매일같이 자신만의 싸움을 견디며 지나온 마지막 촬영 날, 얼마나 뿌듯할까요? 약간의 보정이 들어간 사진을 SNS에 올리는 것으로 이 여정은 끝이 납니다. 짧지만 단 하나의 목표를 향해 달리는 경험은 분명 큰 성취감을 안겨 주었을 거예요.

하지만 그 이면에 부작용을 호소하는 이들도 꽤 많습니다. 영양소를 급격히 제한하다 보니 섭식장애로 이어져 폭식증 혹은 거식증이 생기기도 하고, 다시 예전의 몸으로 돌아가는 게 두려워 운동 강박이 생기기도 합니다. 탈모, 수면장애, 요요현상 등 오히려 몸과 정신에 악영향을 끼치기도 하지요. 누가 봐도 멋있고 날씬한 몸을 만들겠다는 단 하나의 목표에만 꽂혀서 다른 걸 보지 못한 겁니다. 분명히 몸은 중간중간 신호를 보내고 있었을 거예요. 제때 몸의 신호를 알아차리지 못하면 뒤늦게 비싼 대가를 치러야 합니다.

저도 제 일에 꽂혀 무대에 섰을 때는 제 몸이 얼마나 아픈지 느낄 수 없습니다. 오로지 청중과 소통하고 청중을 만족시키는 데만 신경 써야 하니까요. 하지만 무대에서 내려오는 순간 여기저기 아픈 부분들이 느껴집니다. '아, 오늘 나는 내 몸을 남은 치약 짜듯이 꾹꾹 눌러 썼구나.'

대부분 무대 위의 저를 보고 힘들어 보인다고 생각하지

는 않으실 거예요. 왜냐하면 '죽을 만큼 힘들지만 버틸 수 있어', '쓰러져도 이따가 쓰러지자', '사람들 앞에서 이렇게 약한 모습 보이고 싶어?'라며 끊임없이 저를 다그치고 세뇌시키기 때문이죠.

아마 많은 사람들이 이렇게 일을 하고 있으리라 생각합니다. 완벽한 모습만을 추구하고, 부족한 모습은 아무도 눈치 채지 못하게끔 잘 다듬어진 나를 무대 위에 올려놓으려 노력합니다. 단 한 컷의 훌륭한 결과물을 보여주기 위해 내 몸 여기저기 빈틈이 생기고 삐걱대는 부분들을 모른 척 넘어갑니다.

내 몸과 소통하는 것, 내 몸을 완전히 소진시킬 때까지 방치하지 않는 것. 이것이야말로 내가 나를 돌보는 첫 번째 단계입니다. 오늘은 땀 흘리는 근육 운동 대신 동네 개천을 슬렁슬렁 걸어보는 건 어떨까요? 수많은 'To do list'를 뒤로하고 음악을 들으며 산책을 해보는 건 어떨까요? 천천히 움직이며 내 몸과 대화를 시도해보세요. 무릎이 아픈지, 머리가 아픈지, 어디가 불편한지, 몸의 이야기를 한번 들어보자고요. 무리하지 않고도 나아가는 법은 내 몸이 가장 잘 알고 있습니다.

지금, 움직이세요

갱년기나 우울증이 시작됐거나 공황장애가 왔다면 일단 푸시업을 하라고 권하고 싶습니다. 푸시업을 못한다면 윗몸일으키기, 스쿼트, 턱걸이…. 뭘 해야 할지 모를 때는 운동을 하는 게 최고입니다. 병원에서 처방받은 약이 있으면 약도 먹으면서 운동도 하는 겁니다. 쉽지 않다는 거 알고 있습니다. 억지로, 억지로 하세요. 개수를 정해서 억지로 하십시오.

저는 오전에 200개, 저녁에 200개 푸시업를 합니다. 갱년기 시기를 넘어갈 때 집에서 요가매트 깔고, 아니면 지방에 강연하러 가면 대기실에 수건 깔고 푸시업 100개씩

한 것이 큰 도움이 되었습니다. '100개는 약하다, 200개를 해라' 하는 조언을 듣고 요즘 숫자를 늘렸습니다. 어떤 때는 200개를 다 못합니다. 그래도 100개는 너끈히 합니다. 우리 뇌를 속이는 거죠. 100개 하자고 마음먹으면 100개를 다 못 하거든요. 그런데 200개로 목표를 잡으니까 어떤 날은 170개를 하고, 어떤 날은 150개를 하고, 또 어떤 날은 200개를 합니다.

우리가 지킨 것만이 우리를 지켜줍니다. 운동 시간을 지키면 그 운동 시간이 우리를 지켜줍니다. 그러니 당신의 삶이 지켜지기를 바란다면, 뭔가를 지키시길 바랍니다. 억지로 하는 게 너무 힘들 때면, 그냥 좀 기대고 쉬셔도 괜찮습니다. 그런데 그 시간이 조금 지났다고 생각되면, '끙' 소리를 내며 일어날 기운이 조금이라도 찾아왔다면, 그때는 억지로라도 운동을 꼭 하셨으면 좋겠습니다. 오랜 격언 중에 "나무를 심기에 가장 좋은 때는 20년 전이었다. 그다음으로 좋을 때는 바로 지금이다"라는 말이 있다고 합니다. 10년 전, 20년 전부터 꾸준히 운동했더라면 더 좋았을 것입니다. 하지만 그다음으로 좋은 때는 '지금'입니다. 지금 움직이십시오.

삶을 깨어나게 하는 법

사람이 어떤 사고를 당해 기절을 했다가 일어나면 제일 먼저 묻는 질문이 대체로 비슷하다고 합니다.

"여기가 어디인가요?" 그리고 "제가 왜 이러고 있죠?"

어린아이를, 혹은 반려동물을 키워보신 분들은 아실 겁니다. 그들이 처음 거울을 볼 때 얼마나 신기해하는지. 거울을 본다는 것은 자기가 자신을 인식한다는 의미입니다. 어린아이도 처음은 동물처럼 자기 자신을 인식하지 못하다가 거울을 보고 자신을 발견합니다. 이처럼 인간이 자신을 인식한다는 것은 삶의 중요한 계기가 됩니다.

제가 강연할 때 청중들에게 질문을 하는 경우가 많습니

다. 이는 강의를 통해 해답을 주고자 하는 것이 아니라, 제가 일종의 거울 역할을 하고자 하는 것입니다.

사람들이 거울을 보는 이유는 나 자신을 보기 위해서입니다. 그런데 지금은 사람들이 거울에게 물어보는 세상이 되어버린 것입니다. 물론 아예 거울을 보지 않는 사람도 있습니다. 자신을 인식하지 못하는 사람인데, 이는 마치 어린아이나 동물의 상태와 같습니다. 그러다 어느 날 자신을 거울 속에서 발견하곤, 거울에게 질문을 던집니다.

"거울아, 거울아, 내가 어디로 가야 되겠니?"

"거울아, 거울아, 내가 요즘 일이 잘 풀리지 않는데 왜 이런 거니?"

"거울아, 거울아, 나는 누구이니?"

심지어 종교가 있는 사람들도 물어봅니다.

"하나님, 제가 어떻게 해야 할까요?"

거울을 향해, 신을 향해 무언가를 질문하고 구하고 있다면, 그것을 왜 묻고 왜 구하는 것인지 스스로 한번 생각해 보면 좋을 것 같습니다.

스스로를 인식하십시오. 우리가 어떤 계기로 눈을 뜨고 깨어날 때, 약간은 흔들릴 것입니다. 혹시 요즘 삶이 흔들린다면 삶이 우리를 깨우고 있는 신호일지도 모릅니다.

그런데 사람을 깨울 때 흔들면서 깨우는 것보다는, 좋은 소리로 깨우는 것이 더 좋다고 합니다. 창의력이 좋은 아이들은 주로 어떻게 일어나는지 봤더니 부모가 음성으로 깨웠다고 합니다. 즉, 내 삶에 지진이 일어나서 깨어날 수도 있지만, 어떠한 소리를 듣고서 깨어날 수도 있다는 것입니다. 좋은 책이든 강연이든 설교든 말이지요. 그리고 그 소리의 볼륨이 중요하다고 합니다. 학자들은 '미' 음을 추천하고 있습니다.

하지만 대부분의 부모는 소프라노 음역대로 아이를 깨우지요. "일어나! 한 번 깨울 때 일어나라고!" 이런 소리는 뇌에 스트레스를 준다고 합니다. 사람의 의식을 깨울 때도 마찬가지인 것 같습니다. '야, 내가 너를 위해, 너의 의식을 깨우기 위해 흔드는 거야'라고 하기보다 예의를 갖추는 것이 좋겠습니다.

일전에 충청도에서 한 경찰서장님과 대화를 나눈 적이 있습니다. 그분의 카리스마는 대단했습니다. 그런 서장님께는 늦게 얻은 딸이 한 명 있었는데, 너무 귀하고 예쁜 그 딸을 아침에 세 번에 나누어 깨우신다고 하셨습니다. 먼저, 일어나기 15분 전이 되면 딸아이의 방에 노크를 세 번 하신다고 합니다.

"똑. 똑. 똑."

방에 들어가지는 않지만 자고 있는 딸은 이미 듣고 알게 되죠. 5분 전이 되면 딸의 방에 들어가 딸을 한번 안아주며 한마디를 한다고 합니다.

"일어날껴?"

'일어나!'가 아니죠. 주도권과 결정권을 딸이 가지고 있고, 아빠가 거기에 의견을 묻는 것입니다. 딸은 여전히 잡니다. 마지막으로 딸이 일어나야 할 시간에 맞춰 노크를 다시 세 번 한다고 합니다. 방에 들어와 흔들어 깨우지 않아도 이때 딸은 스스로 깬다고 합니다.

이렇게 아이는 세 번의 사인을 받았습니다. 15분 전, 5분 전, 그리고 일어나야 할 시간. 그런 그 딸은 지금 너무 잘 성장해 아빠와의 사이도 좋다고 합니다. 누군가의 삶을 깨우고 싶을 때 너무 과도한 소리나 진동으로 깨우려 시도하지 않았으면 좋겠습니다. 예의를 갖추고, 최종 결정은 본인 몫임을 남겨두고, 내가 너를 깨우고 있다는 생색도 내지 않고…. 그렇게 소중한 사람의 삶을 깨우십시오.

받는 것보다 주는 게 속 편한 사람들에게

얼마 전 딸아이의 생일이었습니다. 저녁 식사 후 오랜만에 다 같이 식탁에 둘러앉아 딸이 직접 고른 생크림 케이크에 초를 붙이고 생일 축하 노래를 불렀습니다. 용돈도 꽤 챙겨줬고요. 만족스런 얼굴로 환하게 웃으며 케이크를 떠먹는 딸을 보며 기쁜 마음과 동시에 문득 부러운 마음이 들었습니다. 생일상을 받는 제 딸이 그날만큼은 세상에서 가장 부럽더라고요.

저는 어렸을 때 한 번도 생일 파티라는 걸 해본 적이 없습니다. 생일이면 모여서 케이크를 먹고, 축하하며 노래를 부르는 세리머니가 저희 집에는 없었거든요. 생일이면 부모님이 제과점에서 케이크를 사 오고, 제 나이만큼의 초를 꽂고, 박수와 함께 초를 힘차게 불고, 쑥스럽게 웃으며 고맙다고 말하는 그런 생일이 저에게는 없었습니다. 돌아보니 매년 저희 집에 돌아오는 세리모니는 제사뿐이었어요. 엄마는 하루 종일 음식을 하느라 허리 한번 펴지 못하고, 아버지는 술만 계속 드시고. 집에서 일어나는 이벤트라고는 죽은 조상을 추모하는 제사뿐이었으니 살아 있는 사람이 주인공이 되어 축하받는 건 생소한 일이었습니다.

아주 작더라도 가정에서 주인공이 되는 경험이 필요하지 않았을까, 딸의 생일을 챙겨주며 생각했습니다. 나의 존재만으로 축하받는 경험, 나를 위해 모두 시간을 내어 하루만큼은 내가 중심이 되는 경험, 모두가 나를 바라보며 기뻐하는 얼굴을 바라보는 경험.

가끔 공항이나 백화점같이 사람들이 많이 모여 있는 공간에서 저를 알아보고 반갑게 인사를 건네주는 분들이 있습니다. 사진도 찍고, 사인도 해드리다 보면 한 분, 두 분, 세 분 점점 사람들이 모이며 웅성웅성하는 분위기가 만들어집니다. 그럼 주변에서 "누구야? 유명한 사람이야?" 하는 질문들이 오가고 저는 빨리 이 공간에서 도망치고 싶은 마음에 귀가 벌게지고 맙니다. 저에게 관심이 쏟아지는 상황이 견딜 수 없게 불편하고 힘이 들어요. 이런 경우가 종종 반복되다 보니 어쩔 때는 이어폰을 끼거나 통화하는 척을 하며 땅을 보고 걷습니다.

비슷한 경우로 유튜브 라이브 방송을 할 때 댓글창을 닫아 놓는 경우가 그렇습니다. 주로 댓글에는 칭찬들이 달립니다. 강연 너무 잘 보고 있다는 댓글, 그리고 5천 원, 만 원 후원 댓글들도 달리고요. 그런 댓글에 하나씩 감사 인사를 해야 하는데 쑥스러워 입이 떨어지지 않더군요. 차라리 아무도 나를 보고 있지 않다고 느껴야 마음이 편해집니다. 저를 향한 호의와 관심에 도통 익숙해지지 않아요.

그럼 의문이 드실 거예요. '강연은 대체 어떻게 하는 거야?' 공적인 자리에서 강연을 할 때 저는 '주는' 입장입니다. 저의 이야기를 들려주면 됩니다. 저의 생각을 나눠주면 되고요. 제가 받는 강의료와 사람들에게 받는 시선과 집중을 빚지지 않고 바로 갚을 수 있습니다. 하지만 사적인 자리에서 제가 무언가를 '주는' 입장에 있지 않을 때면 마음이 초조해져요. 그냥 받으면 되는데도 말입니다. '나는 이런 대접을 받을 만한 사람이 아니야'라는 생각에 사로잡히고 맙니다.

아무런 조건 없이 생일 케이크 앞에 앉아 축하를 받는

아이처럼, 아무런 의심 없이 제 앞에 주어지는 친절과 선의를 끌어안고 싶습니다. '받는' 것을 부담으로 느끼지 않고 행복으로 느끼고 싶어요. 그러기 위해선 우선 연습이 필요할 테지요. 아무도 나를 위해 케이크를 준비해주지 않는다면 스스로 준비해보는 거예요. 내가 나를 위한 세리머니를 기획하는 겁니다. 아무 이유 없이 나를 좀 칭찬해주고 예뻐해줄 때도 있는 거죠. 나를 잘 대접하고 그 대우를 잘 받아들이는 연습, 주는 것만큼 중요합니다.

강박에서 벗어나기

저에게는 여러 강박이 있는데, 특히 '강연이 재미있어야 한다'는 강박이 있습니다. 무대에 올라가면 내 안의 마지막 물 한 방울까지 짜내야 한다고 생각해요. 청중들에게 '최고의 가성비'를 선물하고 싶은 거죠. 제가 할 수 있는 최대치를 하려고 합니다. 그러면서 청중들의 눈치를 살핍니다. 지금 사람들이 강연을 재미있게 보고 있는지, 지루한 건 아닌지…. 초단위로 눈치를 살핍니다.

최근에 그런 생각을 했습니다. '김창옥의 재미없는 TV'라는 이름으로 채널을 하나 만들어볼까…? 재미있어야 한다는 강박에서 벗어나기 위해서죠. 오로지 제 강박증 치료를 위한 채널을 만들어보는 건 어떨까 생각해봤습니다.

강박증이 있는 사람은 웬만하면 뭐든 잘합니다. 일도 잘하고 청소도 잘하고 약속도 잘 지킵니다. 완벽주의자니까요. 그런데 흥미로운 건, 그들에겐 여유가 없어요. 저도 그런 생각을 많이 했습니다. '나는 저 사람보다 직업 면에서도 자리를 잡았고, 벌이도 괜찮고, 노하우도 쌓았는데, 저 사람이 삶을 더 알차게 사는 것 같다'라는 생각. 우리가 열심히 살면서 경력도 쌓고 돈도 버는 최종적인 목적은 행복하고 좀 더 나은, 좀 더 괜찮은 삶이잖아요.

저는 제 자신에게 묻곤 합니다. '그래서 너 좋아졌니? 살만 하니?' 그런데 쉽게 대답을 하지 못하곤 합니다. 왜냐하면 내가 아닌 다른 이들이 짜놓은 완벽한 프레임 속에서 살아왔으니까요. 그러니 여유도 행복도 쉽게 내 삶에 다가오지 않고, 예측하지 못한 문제만 발견하곤 합니다. 저는 계속 제 자신을 조건부로 만나고 있었던 것입니다.

강연장에서도 그런 분들을 종종 뵙습니다. 나는 벌써 세 번 시험에서 떨어졌다, 나는 결혼에 실패했다, 나는 가게문을 닫았다, 난 실패자인데 어떻게 살아야 하나…. 그건 내 삶을 내가 정해놓은 '완벽'이라는 트로피만 바라보게 해두었기에 나오는 질문입니다. 이미 불안한 거죠. '다시 안 되면 어떡하지?' 하고요.

친구가 저에게 한 번씩 툭툭 도인 같은 말을 던집니다. 한번은 "야, 창옥아. 너무 열심히 살려고 하지 마. 적당히 좋은 일도 하고, 적당히 나쁜 일도 하면서 살아." 살면서 저한테 "나쁜 일도 하면서 살아"라고 말해준 사람은 처음이었습니다. 그 말은 저에게 '너 강박에서 벗어나'로 해석되어 전달되었습니다.

그냥 우리 모두, 우리만큼만 하면 좋겠어요. 너무 좋은 사람, 너무 좋은 부모, 너무 좋은 직원, 너무 좋은 사장 되려고 하지 마세요. 그런 마음을 먹었다는 건 이미 그 안에 꽤 괜찮은 좋음이 있는 사람이라는 뜻이에요. 그러니 먼저 자기 자신을 찾으세요. '김창옥의 재미없는 TV'가 열리면 '아, 더럽게 재미없구나' 하면서 응원해주시면 좋겠습니다. 그러다가 여러분도 용기를 내서 그 대열에 참여하시면 좋겠습니다. 여러분도 하나씩 자신만의 강박이 있을 수 있습니다. 완벽해야 해, 좋은 엄마가 되어야 해, 일에서 실수란 용납할 수 없어…. 그걸 지키느라 힘든 분이 계시다면, 저와 같이 조금씩 자신의 삶에 저항했으면 좋겠습니다. 앞으로, 김창옥은 재미없게 찾아뵙겠습니다.

책임감도 재능입니다

저는 강연할 때 고수하는 스타일이 있습니다. 단정한 셔츠, 터틀넥, 무채색 재킷과 정장 바지. 웬만하면 이 틀에서 벗어나지 않습니다. 시계나 액세서리도 거의 착용하지 않아요. 그래서 강연장이 아닌 사석에서 저를 처음 만나는 분들은 제 스타일을 보고 깜짝 놀라곤 합니다. 평소에는 노랗고 파란 운동화, 프린팅이 크게 박힌 헐렁한 티, 패턴이 다양한 셔츠, 그리고 반바지를 즐겨 입거든요. 손목시계도, 모자도 크고 화려한 것을 선호합니다.

평소와는 달리 강연할 때 의상을 보수적으로 정하고 액세서리를 하지 않는 이유가 있습니다. 예전에는 가끔씩 아끼는 시계를 차고 강연을 하기도 했습니다. 그런데 말을 하면서 손으로 제스처를 취할 때마다 청중의 시선이 시계로 향하는 기분이 들었습니다. 조명에 반사되어 시계판이 반짝이기도 했습니다. 작은 포인트에서 집중력이 흐트러졌던 것입니다. 그 후로는 강연에 방해가 될 만한 요소는 처음부터 만들지 않겠다는 원칙을 세웠습니다. 저도, 강연을 듣는 분들도 온전히 강연 내용에만 집중할 수 있도록 하기 위한 원칙이지요.

저는 지금껏 '강연을 잘하고 싶다'는 생각은 해본 적이 없습니다. '성악을 잘하고 싶다', '연기를 잘하고 싶다'는 생각은 해본 적 있지만 '말을 더 잘하고 싶다'는 바람은 없었습니다. 이미 말을 잘한다고 생각해서가 아닙니다. 잘하고 싶다는 생각에 지배될 때 그것에 제가 짓눌릴지 모르기 때문입니다. 대신 저에게 강연은 '책임감'입니다. 오롯이 제가 책임져야 한다는 마음으로 임하고 노력합니다. '잘하고 싶다'는 개인적 바람이 아니라, 내뱉는 말에 책임을 지겠다는 자세로 강연을 준비합니다.

제가 체력을 유지하기 위해 운동을 하는 것, 좋아하는 시계와 액세서리를 빼두는 것, 옷 스타일을 정해두는 것, 불필요한 만남을 자제하고 조금이라도 배울 수 있는 사람과 장소를 찾는 것, 이 모든 것이 강연에 책임을 지기 위한 행동입니다. 이런 '책임감'이 저를 강연장 위로 오르게 하는 힘이 되었습니다. 저보다 뛰어난 재능이 있는 분들이 셀 수 없이 많고, 재능에 노력까지 더하는 무서운 분들도 많습니다. 어떤 분야에 있든 그런 사람들을 만나게 됩니다. 그럴 땐 좌절하지 마십시오. 내가 책임질 수 있는 것에 하나둘 집중하다 보면 분명 자신이 성장하고 있다는 것을 발견하게 됩니다. '잘하고 싶다', '저 사람을 뛰어넘고 싶다'는 마음이 강해지면 더 심한 부담과 압박이 찾아와 잘하던 것도 못하게 됩니다. 스텝이 다 엉켜버립니다. 잘하겠다는 생각을 내려두고, 맡은 일에 최선을 다해보겠다는 책임감으로 내 앞에 놓인 작은 일들을 하나씩 해내시면 됩니다. 책임감도 잘 장착하면 내 삶을 지키는 든든한 무기가 됩니다.

남 인생 아니고 내 인생이잖아요

컬러 심리를 하는 분의 말씀이, 사람은 자기 안에 있는 색상과 패턴을 선택한다고 합니다. 의식적으로든 무의식적으로든. 오늘 입은 옷은 오늘 내 심리 상태와 감성을 담고 있는 것이죠. 옷장을 열어보면 쉽게 알 수 있습니다. 비슷한 색상, 비슷한 패턴의 옷만 걸려 있는 사람들이 있습니다. 그레이와 네이비, 블랙 옷만 걸려 있는 사람, 레이스가 많은 사람, 바지만 있는 사람, 치마만 있는 사람, 기하학 무늬로 복잡한 사람 등. 우리가 반복해서 선택하는 색상이나 패턴은 우리의 감성이 많이 묻어난 결과라 할 수 있겠죠.

우리나라 사람들은 예전부터 '네가 누구인지는 중요하

지 않아'라는 심리가 깔려 있는 것 같습니다. '네가 어떤 색깔의 씨앗을 타고났는지는 중요하지 않아. 네 또래가 하는 것을 해. 여자라면 여자답게 행동해. 남자라면 남자에 걸맞게 행동해. 나이가 많으면 나이게 맞게 행동해.' 즉, 요인이 내부에 있지 않고 외부에 많습니다.

"야, 아줌마가 무슨 옷을 그렇게 입고 다니냐?" 이런 소리나 눈빛을 받은 사람은 내면에 그 목소리를 각인시킵니다. 이제 더 이상 외부에서 그런 소리가 들리지 않는데도, 자기 안의 목소리가 똑같이 말합니다. '아줌마가 이러면 안 되지' 하고요. 그리고 나이나 성별, 역할에 스스로를 가둬둡니다. 그 담벼락을 못 넘습니다. 결국 '내가 이 나이에 뭘 하겠어…' 체념합니다.

내 인생인데 내가 나를 마음대로 하지 못합니다. 하물며 헤어스타일부터 옷 입는 스타일이나 말투와 행동까지, 모든 것을 자기 자신에게 맞추는 것이 아닌 사회에서 요구하는 형태에 맞춥니다. 자기만의 컬러의 씨앗을 잃어버립니다. 발아시키지 못하고 싹을 틔우지도 못한 채 썩힙니다. 물건을 살 때도 내 취향이 아닌 "요즘 뭐가 제일 잘 나가요?"라고 묻게 됩니다.

우리 사회의 큰 흐름 중 하나는, 남에게 관심이 많다는 것입니다. 남에게 관심이 많다는 건, 저 사람이 나를 어떻게 평가하는지에 관심이 많다는 의미이기도 합니다. '저 사람이 나를 어떻게 생각하지?' 심지어 알지도 못하는, 지나가는 사람까지도 의식합니다. 사람들은 대부분 그냥 의미 없이 수군덕거리는 것이거든요.

나와 의미 있는 만남을 이어가는 사람은 일상에서 스무 명이 채 안 됩니다. 한번 헤아려보세요. 나와 지속적으로 마주치고, 나에게 영향을 미치는 사람, 내 삶과 연결된 사람은 생각보다 많지 않습니다. 누군지도 모르는 사람들을 의식하고, 그들이 나를 어떻게 생각하는지 신경 쓰며 에너지를 낭비하지 마세요. 삶을 낭비하지 마세요.

내 색깔이 중요합니다. 내 입맛에 맞는 음식을 선택하고 내가 좋아하는 색을 취하고 내 마음이 이끌리는 물건을 사세요. '내 삶이야. 내 선택이야' 하는 마음으로 나 자신을 설계하고 만들어가세요. '나는 나'입니다.

자신의 한계를 제대로 알아야 합니다

몇 년 전부터 깜빡깜빡하고 잘 잊어버린다는 걸 스스로 느끼기 시작했습니다. 강의 준비를 많이 하다 보니 강의 내용만 외우고 다른 일들은 제가 기억을 잘 못하나, 생각하며 심상하게 지나갔습니다. 그러다 증상이 점점 심해져 병원에서 검사를 받고 알츠하이머 유전자가 있고, 검사 점수도 낮아 알츠하이머가 의심된다는 소견을 받았습니다. 철렁하는 마음에 병원을 계속 다녔어요. 검사도 받고, 치료도 받고, 그러다 최종적으로 알츠하이머 유전자는 있지만 알츠하이머는 아니라는 결과를 받았습니다. 그저 단기 기억 상실 상태인데, 주로 트라우마를 경험했거나 스트레스가 너무 오래 지속된 사람에게 나타난대요. 의사 선생님이 지금 굉장히 중요한 기회라고 생각하고 관리를 해야 할 때라고 하시더군요. 그래서 약도 처방받고 치료도 받고 있습니다. 여러 가지로 정말 감사한 일입니다.

청춘이라고 할 수는 없지만, 지금 시대에는 한창때라고 할 나이 50에 알츠하이머라는 단어가 내 삶에 키워드로 다가오니 많은 생각이 들었습니다. 사람은 가끔 멈추고 자기 인생이 얼마나 흘렀고, 또 얼마나 남았는지 가늠해봐야 합니다. 내 인생이 지금 아침인지 낮인지 밤인지, 그리고 내가 생각하는 나와 타인이 생각하는 나 사이에 얼마만큼의 차이가 있는지를 생각해봐야 합니다. 왜냐하면 사람은 자기 얼굴을 자기 스스로 제대로 보지 못하기 때문입니다. 내 얼굴을 가장 많이 보는 사람은 타인입니다. 나는 스스로를 친절하고 이타적인 사람이라고 생각할지 몰라도, 나 빼고 주변 사람들은 '저 사람은 너무 자기밖에 몰라'라고 생각할 수 있는 거죠. 저는 이번 기회에 저에 대해 다시 돌아보게 되었습니다.

'나는 어떻게 살아왔나. 나를 위해 어떤 관리를 해왔나.'

알츠하이머 의심 소견을 듣고 두 달 정도 결과를 기다리는 사이에 '아, 나는 내 한계를 착각하며 살았구나' 깨달았습니다. 자신의 한계를 모르는 건 크게 두 종류가 있대요. 첫 번째는, 자신의 한계는 자신의 생각 너머에 있다는 거예요. 디스크 수술을 받고 재활운동을 하던 때였어요. 바벨을 드는데 트레이너 선생님이 "열두 개 하세요" 하시더군요. 근데 열 개를 했는데 그 이상은 도저히 못하겠는 거예요.

"어우, 선생님, 저 더 이상은 못하겠습니다."

선생님은 단호하게 "하세요. 제가 도와드릴게요" 하시며 옆에 와서 손으로 살짝 받쳐주시더군요. 열두 개를 겨우 성공했습니다.

"보세요. 회원님. 하실 수 있어요. 저는 살짝 받쳐만 드렸어요. 심리적 안정만 드린 거예요. 헬스장에 계속 오는데도 운동도 안 되고 체력도 안 늘고 몸에 변화도 없는 분들이 많거든요. 왜냐하면 '더 이상 못 하겠다'는 순간까지 한 것은 워밍업만 하신 거예요. 거기에서 한두 개를 더 해야 그게 회원님의 '힘'이 돼요. 그런데 사람들은 힘들면 거기에서 멈춰요. 이미 힘을 다 썼는데, 어떻게 하겠어요. 무리하고 잘못하다간 위험하죠. 그럴 때 사고가 납니다. 그래서 제가 받쳐드리는 거예요."

주옥같은 말씀이었습니다. 힘이 있는 사람이 되고 싶고,

힘을 기르고 싶은 사람이라면, 더 이상 못할 때까지 해야 합니다. 그리고 거기에서 한두 개를 더 해야 합니다.

사람의 머리는, 만약 자신이 지난번에 바벨을 아홉 번 들었으면 그 과거의 기억을 자신의 한계로 기록한다고 합니다. '나는 아홉 번 들 수 있는 사람.' 하지만 머리와 달리 사람의 몸은 자신의 기억보다 한두 개를 더 할 수 있습니다. 더 할 수 있는데 못한다고 생각하는 거지요.

자기가 과거에 거기에서 넘어졌으니까 내 한계는 거기까지라고 선을 긋습니다. 과거에 그곳에서 멈췄으니까 내 한계는 그곳이라고 믿습니다. 그런데 인간은 한두 개를 더 할 수 있고, 한두 걸음 더 내딛을 수 있습니다. 그렇게 해야 성장합니다. 하지만 중요한 건 혼자 하지 말라는 것입니다. 위험할 수 있으니까요. 트레이너 선생님처럼 동행자가 있으면 좋습니다. 곁에서 조금 받쳐주는 사람이 있다는 것 자체만으로도 든든합니다. 그런 도움을 주는 사람이 있기에 우리가 성장할 수 있다는 의미도 됩니다. 우리의 한계를 넘기 위해서는 서로가 필요합니다.

자신의 한계를 착각하는 사람들의 두 번째 부류는, 자신이 할 수 없다는 걸 모르는 것입니다. 이번에 제가 느낀 것이었죠. 왜 모르는 걸까요? 제 경우에는 모든 것이 욕심에서 비롯됐습니다. 성과와 돈에 대한 욕심. 이미 제가 쓰는 소비 패턴이 있습니다. 제가 사는 집, 우리 아이들이 다녀야 하는 학원, 이런 것들을 갑자기 줄이는 건 쉽지 않아요. 그래서 사람들은 자신의 한계를 넘어서서 계속 뭔가를 하는 것입니다. '더. 더. 더.' 사람들은 항상 '더'를 추구합니다. 내 한계를 내가 몰라서 다치고 망가지고 문제가 터지는 것입니다.

자신이 기억하는 한계를 조금은 넘어보는 것은 좋습니다. 곁에 믿을 만한 사람의 도움을 받으면서 한두 개 더 들고, 한두 걸음 더 내딛는 건 괜찮습니다. 하지만 그 한계선을 과하게 넘어서 내달릴 때 우리는 다치고 망가집니다. 여러분도 잠시 멈춰 서서 자신을 돌아봤으면 좋겠습니다. 나의 한계선에 대해….

위로가 필요한 사람에게
컨설팅하지 마세요

알츠하이머 의심 소견을 들었을 때 많은 위로의 말을 들었습니다. 치료제가 나왔으니 앞으로 100살 넘게 살 수 있다는 말부터 저보다 더 상태가 심한 사람들도 있다는 위로의 말들. 저를 얼마나 위하는 사람들인지 알기에 그 마음은 헤아릴 수 있지만, 그다지 계속 듣고 싶은 위로는 아니었습니다.

누군가를 위로하고 싶다면서 컨설팅을 하는 우를 범하지는 마세요. 상대가 힘들고 난처한 상황을 이야기할 때, 객관적인 분석과 합리적인 해결 방안 제시를 먼저 하지 마세요. 저에게 의외의 위로로 다가온 두 분이 기억납니다.

두 분 모두 70대 여성분이셨습니다. 한 분이 저에게 그러셨어요. 일단 먼저 조금 놀라시더군요. 조심스럽게 놀라시는 게 느껴졌어요. 위로는 어떤 대사가 아닌 것 같습니다. 소식을 듣고 당황하면서 놀라고, 어떻게 말을 건네야 할까 안절부절못하는 표정의 언어가 사실 가장 큰 위로인 것 같습니다.

너무 충격적인 소식을 듣고 경황이 없는 상황이 되면 제일 먼저 닫히는 것은 귀입니다. 소리가 안 들려요. 누군가의 말을 들어도 느낌만 기억납니다. 느낌과 감정만 맴돌죠. 만약 '나까지 이성을 잃으면 안 돼, 정신 차려' 하는 마음에 상대방에게 해결책부터 제시하려고 한다거나 메시지를 전하려 한다면 의도와 상관없이 서운한 감정만 남을 수도 있습니다. 그러니 우리 주변 누군가에게 한계치에 다다른 일이 찾아왔다면, 그런 문제가 생겼다면 그냥 같이 놀라주시면 좋을 것 같아요.

또 다른 어르신은 저에게 이런 말씀을 하셨어요. "제가 불자는 아닌데요, 어느 스님께 이야기를 들었어요. 인생은 태어난 것 자체가 고통의 바닷가에 던져진 거라고 하더라고요. 그러니 그 고통을 다 해결하려고 하지 말고 고통과 함께 갈 방법을 생각해보라고요." 순간 정말 기적처럼 마음의 안개가 걷히고 평온이 찾아왔습니다.

우리는 보통 내 삶을 자꾸 미뤄두잖아요. 애들만 크면 그때는 자유롭게 살리라, 이번 프로젝트만 잘되면 그때 쉬리라, 이 건만 넘어가면 다시는 이렇게 무리하지 않으리라…. 그런데 끝이 안 나더라고요. 문제를 해결할 때 삶이 올 거라고 생각하지 마세요. '지금 당신에게 불청객처럼 고통이 찾아왔지만 귀한 손님 대접하듯 해라.' 내가 초대하진 않았지만 온 이유가 있겠지요. 그 이유를 다 이해할 순 없지만요. 할 수 있는 힘이 남아 있거든 고통을 대접해주시면 좋을 것 같습니다. 라이너 마리아 릴케가 한 젊은 시인 지망생 프란츠 카푸스에게 보낸 편지의 한 부분을 같이 읽어보면 좋겠습니다.

> 마음속의 풀리지 않는 모든 질문들을 외면하지 마십시오. 그것들에 대해 인내심을 가지세요. 마치 자물쇠로 굳게 잠겨 있는 방이나 아주 낯선 언어로 쓰인 책을 사랑하듯이 당신의 문제를 사랑하시길 바랍니다.
> 지금 당장 해답을 찾아내려 하지 마십시오 아무리 애써도 찾을 수 없을 것입니다. 왜냐하면 당신은 그 대답들을 직접 살아볼 수 없을 테니까요. 그러므로 그 모든 것을 직접

살아보는 것이 중요합니다. 지금의 물음을 살아가십시오. 그렇게 하면 아마 당신도 모르는 사이 먼 미래의 어느 날 그 해답을 살아가게 될 것입니다.

그리고 저는 다시 감사함을 느낍니다. 나에게도 이렇게 슬픔과 아픔이 쌓여가니, 누군가 아프고 슬플 때 내 눈빛에 마음이 담기겠구나. 정말 어려울 때 그 어려움을 이야기할 수 있는 따뜻한 사람들이 있거나, 같이 웃고 눈물 지어줄 친구가 있을 때 우리는 그 시기를 잘 넘어갈 수 있습니다. 그것이야말로 시간이 지나도 오래도록 남는 진짜 힘이 센 위로의 언어입니다.

울어야 살 수 있습니다

너무 힘든 날, 누구든 그냥 내 얘기 좀 들어줬으면 하는 날 있으실 거예요. 휴대전화 목록을 살펴보다가도 '이 사람은 바쁠 거야', '내가 지금 이런 이야기를 꺼내면 부담스러워하겠지' 같은 생각에 머뭇거리게 됩니다. 아무에게도 전화할 곳이 없어 슬퍼질 때, 엄마에게 전화를 걸어 아무 말도 하지 못하고 울던 20대의 제 모습이 문득 떠오릅니다.

20대 초, 해병대에 있을 때 선임들에게 많이 맞았습니다. 이유도 없이, 이유를 만들어서 때렸습니다. 이 악물고 버텼습니다. 시간이 해결해줄 거라고 생각했죠. 그러던 어느 날이었습니다. 농번기가 되면 부대 근처 농가로 군인들이 대민지원이라는 걸 나가게 됩니다. 10월, 한창 벼 수확철이라 바쁜 농가를 찾았습니다. 쌀가마니 40킬로그램짜리를 트럭으로 옮기는 작업을 해야 했습니다. 선임들의 손짓에 따라 쌀가마니를 양쪽 어깨에 들쳐메고 정신없이 뛰어다녔습니다. 몸은 너무 힘든데, 제대로 못한다고 맞고…. 도망쳐버리고 싶은 마음이 굴뚝같았습니다.

그러다 잠깐 선임들이 자리를 비운 사이 한 아주머니를 붙잡고 전화기 한 번만 쓰게 해달라고 부탁했습니다. 선임들이 오지 않는지 망을 보면서 급하게 집 전화번호를 눌렀습니다. 신호음이 여러 번 이어졌고 달칵, "여보세요" 엄마 목소리가 들렸습니다. 그 순간 턱 하고 목이 메어 아무 소리도 낼 수가 없었습니다. 한참 침묵이 이어지다 "막둥이냐?" 하고 엄마가 물었습니다. 우는 소리를 엄마한테 들키고 싶지 않아 수화기를 막고 끅끅거리는데, 엄마 목소리가 다시 한번 들렸습니다. "우냐?"

결국 엄마에게 "그래, 운다. 어떻게 알았어" 하고 말하고는 엉엉 울고 말았습니다. 영상통화도 아닌데 어떻게 엄마는 다 알았을까요. 엄마한테 하고 싶은 말은 많았지만 저 멀리 선임이 오는 게 보였습니다. 전화를 빨리 끊어야 하는데 불쑥 입에서 이런 말이 나왔습니다.

"엄마, 감 좋아하잖아."

전화를 하러 갔던 집 마당에 감나무가 있었거든요. 주렁주렁 매달린 감이 꼭 제가 그동안 엄마에게 잘못했던 일들처럼 느껴졌습니다. 엄마한테 했던 모진 말과 행동들이 떠올라 '미안하다', '사랑한다'는 말도 아닌 엉뚱한 말로 서둘러 전화를 끊어야 했습니다. 엄마는 아마 그날 밤 제대로 잠을 이루지 못하셨을 겁니다. 사방이 막힌 것 같은 날이 오면, 그때 저를 걱정해주던 엄마의 목소리가 듣고 싶습니다.

제가 고등학생 때 했던 기도가 하나 있습니다. 어린 제가 보기에 나이가 많은 아저씨들이 잘 웃지를 않는 거예요. 그런데 잘 울지도 않습니다. 저는 그런 아저씨가 되고 싶지 않았습니다. 그래서 기도했습니다. 제가 나이를 먹으면 알맞을 때 웃고, 알맞을 때 우는 사람이 되게 해달라고요. 사람은 울어야 삽니다. 못 울면 마음의 병은 악화될 뿐입니다. 울어야 내 몸에 있는 독소가 몸 밖으로 빠져나갈 수 있어요.

밖에서 친구들에게 괴롭힘을 당하고 집에 돌아왔을 때, 누나들이 "누가 그랬어?"라고 묻는 순간 눈물이 왈칵 쏟아졌던 것처럼 작은 관심과 눈빛, 따뜻한 목소리가 우리를 울게 하고 결국엔 살게 합니다. 우리가 할 수 있고, 또 해야만 하는 건 바로 이런 것이 아닐까요. 우는 이의 곁에 앉아 가만히 이야기를 들어주는 일, 말없이 등을 토닥여주는 일. 우리는 서로의 슬픔을 나누고 또 그 슬픔을 꺼내도록 도울 수 있는 강한 힘이 있습니다.

찌꺼기를 잘 배출하기 위해서

우리는 매일 뭔가를 먹습니다. 먹는다는 건 반드시 노폐물을 만들어냅니다. 산다는 것도 마찬가지입니다. 산다는 것 자체가 슬픔을 만들어냅니다. 우리가 숨을 쉬고 산다는 것 자체, 돈을 벌고 연애를 하고 결혼을 하고 아이를 낳고 회사를 다니고 사업을 하고…. 이 모든 삶의 행위는 우리를 살아가게 만드는 영양분이 되지만, 또 반드시 찌꺼기를 만듭니다. 이 슬픔과 고통의 찌꺼기를 쌓아두면 안 됩니다. 주기적으로 배출하지 않으면 우리 몸과 마음에 문제가 생깁니다.

그럴 때 저는 좋은 것을 가까이 하라고 자주 추천드립니다. 그런데 좋은 것도 항상 적당한 거리가 중요합니다. 아무리 좋은 사람이라 해도 너무 가까이 오면 불편하고, 또 아무리 좋은 콘텐츠라 해도 내 상황과 너무 동떨어져 있으면 효과가 없거든요. 인물, 책, 영상 등 좋은 무엇인가가 여러분의 적절한 거리에 있기를 바랍니다.

그중 '사람'이 가장 직관적이고 직접적이지만 가장 리스크가 크기도 합니다. 그래서 너무 사람에 집중하지 마시라고 말씀드려요. 사람에게는 초두효과初頭效果라는 것이 있습니다. 내가 너무 힘들었을 때 그 사람의 말을 듣고 좋아졌다면, 그 사람에게 과하게 몰입하게 됩니다. 첫 느낌을 끝까지 믿고 가는 것이죠. 그런데 나중에 더 큰 문제가 생길 수 있습니다.

그러니 저로서는 감사하게도 김창옥이라는 사람에게 긍정적인 느낌을 받으셨다 해도, 집중하지 않는 것이 중요합니다. 저뿐 아니라 어떤 강사나 작가, 멘토에게도 몰입하지 않는 것이 좋습니다. 대신, 그 사람이 말하는 '시스템'에만 집중하세요. 그 사람이 말하는 이야기가 중장기적으로 괜찮다고 생각되면, 그 사람은 매개로 삼아, 그 사람이 추천하는 시스템에 집중하세요. 그런데 만약 그 사람이 모든 영광을 자신이 가져가려 하고, 자꾸 자기를 믿고 자기에게 집중하라고 한다면, 그 사람은 서서히 버리시길 추천합니다. 그게 누구든 말이지요.

사람은 세 부류로 나뉜다고 합니다. 움직일 수 없는 사람, 움직일 수 있는 사람, 움직이는 사람. 움직일 수 있다면, 움직이십시오. 좋은 시스템을 받아들여 실행하십시오. 그러면 여러분의 영혼의 골수가 잘 채워질 것입니다. 마음의 뼈가 더 단단해질 겁니다. 피는 심장에서 만드는 것이 아니래요. 피를 만드는 곳은 뼈라고 합니다. 영혼의 골수를 채워서 온몸에 피가 잘 순환되고, 온몸과 마음의 찌꺼기가 잘 배출되는, 건강한 마음, 건강한 몸이 되시길…. 저는 늘 적당한 거리에 서서 응원하겠습니다.

나는 이제 끝났구나 생각한다면

'아, 나는 이제 끝났구나.' 그런 생각이 들 때가 있습니다. 어떤 일을 할 때 경력을 쌓고 노하우를 쌓으면 계속 상향곡선을 그을 거라 생각합니다. 하지만 언제고 그 곡선은 오래도록 수평을 유지하거나 그러다 하향할 수 있습니다. 그럴 때 생각하죠. '아, 나는 이제 끝났구나.' 창의적인 일을 하는 사람은 더 그럴 것입니다. 새로운 세대를 이해하고 트렌드를 파악하고 변화를 캐치해야 하니까요.

저는 강연한 지 20년이 넘었습니다. 솔직히 말해 제 강연이 영원할 거라 생각한 시절도 있습니다. 나이가 먹으면 연륜이 생기고 사람과 세상을 보는 눈이 더 깊어지니 점점 더 좋은 강연으로 사람들을 만날 수 있을 거라 생각했습니다. 저에게 잘 맞는 일이었고, 일을 하면서 행복했고, 보람도 있고 의미도 있었습니다. '강연은 돈을 안 받고도 할 수 있다'고 생각했습니다.

그런데 15년 차 정도가 넘어가면서 점점 무뎌지기 시작했습니다. 행복한 마음, 감사한 마음이, 살아 있는 마음이 조금씩 무뎌지기 시작한 것이죠. 흐르는 물처럼 막힘없이 강연이 내 안에서 솟아나 흐르던 시기가 지나가고, '나 그래도 강연만큼은 어디서 빠지지 않지'라고 생각하던 자신감도 사라지고, '아, 나는 이제 끝났구나'라는 생각이 지배하기 시작했습니다. 그때 강연 일을 그만둘 수도 있었습니다. 스스로 선택해 그만둘 수도 있고, 사람들이 저를 찾지 않아 타의로 그만둘 수도 있었습니다.

그러나 그 시기마저 지나갑니다. 무기력의 시간은 조금씩 흘러 쓸데없이 온몸과 온 마음에 실어놓았던 군힘을 빠지게 합니다. 그렇게 스스로를 받아들이게 됩니다. 저에게는 감사하게도 저의 좌절과 수용 과정을 들어주신 청중분들이 계셨습니다. 항상 밝은 모습, 에너지 넘치는 모습, 삶을 통달한 것처럼 당당한 모습만 보여줘야 한다는 생각에 저는 무기력한 제 자신이 용납되지 않았습니다. 강연에 오시는 분들에게 항상 미안했습니다. 하지만 그분들은 직간접적으로 '지금의 모습도 좋아, 힘이 빠진 당신도 괜찮아, 당신의 속도 조절을 응원해'라는 느낌을 주었습니다. 저에게 정말로 큰 위로였습니다.

그때 알게 되었습니다. '인간은 내가 나를 수용하고, 타인이 나를 수용해줄 때 살 수 있구나. 그 누구도 나를 수용해주지 않으면 인간은 한 번에 죽을 수도 있겠구나.' 저를 받아주는 수용의 느낌은 제게는 새로운 삶을 의미했습니다. 다시 생각해봐도 저는 참 운이 좋은 사람입니다.

전 저의 청춘보다 지금의 나이가 좋습니다. 삶의 그래프에 상향곡선을 점점이 찍으며 달리던 시절보다 잔잔한 물결 같은 곡선을 그리는 지금이 좋습니다. 앞만 보고 달리던 그 시절에는 여유도 없고 헝그리 정신으로 '생존'이 목표였습니다. 그것 외에는 없었습니다. 삶을 살고 있다는 의미는 생존의 의미만은 아닐 것입니다. 불필요한 힘을 빼고, 내 감정도 조금 멀리 떨어져 바라볼 수 있고, 삶에서 진짜 중요한 것과 그렇지 않은 것의 우선순위도 명확해지는, 나이를 한 살 한 살 먹어가는 지금이 참 좋습니다.

애도하는 마음

사랑하는 사람을 하늘나라로 떠나보냈다면, 슬픔을 억지로 참아내려 하지 마세요. 장녀나 장남의 역할을 하는 사람은 부모를 떠나보냈을 때 내가 무너지면 안 된다는 마음으로 슬픔을 표현하지 않으려 합니다. 저는 슬픔은 울어서 말려야 하는 것이라 생각합니다. 눈물로 몸 밖으로 빼내야 합니다. 슬픔의 눈물은 절대 저절로 증발되지 않거든요.

눈물도 안 흘리고, 별일 아닌 것처럼 담담하게 지낸다고 슬픔이 없는 것이 아닙니다. 그렇게 버티면, 신기하게도 슬픔이 인간의 뇌와 인간의 몸에 스며들어 버립니다. 그 사람에게 부정적인 영향을 미칠 확률이 당연히 높아집니다. 영혼에 물기가 차버려서 곰팡이가 생기거나 어느 날 마음이 툭하고 꺼져버립니다. 손쓸 새도 없이요. 그러니 울어야 합니다. 눈물의 끝까지 가야 합니다.

슬픔을 만났을 때, 전 그 슬픔 안에 가만히 담가질 필요도 있다고 생각합니다. 너무 슬픔에서 빠져나가려고 애쓰지 말고, 슬픔에 그냥 있어보세요. 삶을 자포자기한 담가짐이 아니라, 좋은 거 듣고 좋은 곳 가고 좋은 거 먹고 좋은 사람도 만나면서요.

어떤 사람이 구멍 난 소쿠리를 들고 춤을 추듯 팔을 휘저으며 언덕 위를 이러저리 뛰어다녔다고 합니다. 그에게 다가가 뭘 하고 있는 거냐 물으니, 어둠이 싫어서 소쿠리로 어둠을 퍼 담으려고 한다고 대답했습니다. 어둠은 소쿠리에 담기지 않습니다. 어둠은 어떻게 해야 사라지나요? 해가 솟아야 사라집니다.

슬픔은 어둠과 같아서 구멍 난 소쿠리로 퍼 담을 수 없습니다. 억지로 사라지게 할 수 없습니다. 그러니 슬픔을 이겨내려고, 섣불리 극복하려고, 쫓아내려고 하지 마세요. 슬픔은 어둠처럼 해가 떠야 서서히 사라집니다.

남겨진 사람들에게 중요한 것은 그 시간을 우리가 함께 했다는 느낌입니다. 형제가 있다면 함께 우세요. 괜히 마음 쓰이게 할까 봐 몰래 울거나, 울음을 삼키지 마시고요. 너도 슬프고 나도 슬픈 이 느낌, 이 시간을 함께했다는 것이 기억에 남아 두 사람만의 고유한 정서를 만들어줍니다. 우리 안에 슬픔이나 스트레스처럼 강력한 무언가가 있을 때는 '저 사람이 내 편이구나, 우리가 같은 편이구나' 하고 느낄 수 있을 때 그 스트레스 물질이 건강하게 몸 밖으로 배출된다고 합니다.

그리고 사랑하는 사람을 오랫동안 애도하기 위해서는 우리가 건강해야 합니다. 그래야 그 사람을 간직할 수 있습니다. 슬픔 안에 빠져 허우적대다 건강을 잃으면, 오히려 사랑하는 사람을 애도하기 어려워집니다.

우리가 죽는 날까지 사랑하는 사람을 기억하기 위해서는, 우선 우리가 건강해야 합니다. 저는 그래서 산 자들이 건강해야 한다고 생각합니다. 먼저 떠난 자들이 남은 자들에게 바라는 것이 무엇일까요? 나를 기억해주기를 바랍니다. 살아 있는 자들이 나를 잊어버리지 않기를 바랄 것입니다.

그런데 인간에게는 모두 한계가 있기 때문에, 내가 너무 약해지면 어쩔 수 없이 슬픔이 나를 녹여버리거나 태워버립니다. 우리보다 먼저 떠난 사람들이 자신을 기억해주길 바란다고 해서 우리가 삶을 제대로 살지 못하거나 슬픔에 녹아내리길 바랄까요? 절대적으로 그렇지 않을 것입니다. 우리의 건강과 안녕을 바랄 것입니다.

시간이 지나면 해는 떠오릅니다. 그 어둠의 시간을, 슬픔의 시간을, 어찌해도 어찌할 수 없는 그 시간을 구멍 난 소쿠리 들고 뛰어다니며 퍼내려 하지 말고, 내가 해야 할 일들을 하면서 지나오십시오. 가슴이 무너져본 사람만이 영혼을 울리는 연주를 할 수 있습니다. 마음의 터를 단단하게 다져 내 기억의 공원 안에서 사랑하는 이를 영원히 기억할 수 있기를 바랍니다.

작은 저항

저는 제 일을 진심으로 합니다. 진심을 다한다는 것. 이것만큼 만사형통의 길이 없다고 생각했는데, 어느 순간 '일'이 저보다 커져 버렸습니다. 처음에는 강아지와 산책하듯이 제가 일을 산책시켰습니다. 점점 잘되고 좋아지니, 더 많이 같이 다녔습니다. 계속 진심을 다해 정성껏 키우니 어느새 강아지가 호랑이만큼 커졌습니다. 이제 '일'이 저를 끌고 다니기 시작했습니다.

왜냐하면 '페이'가 올랐기 때문입니다. 일 외에 다른 시간을 낼 수가 없어졌습니다. 강연료는 높아졌고, 강연을 원하는 곳은 점점 늘어났습니다. 그러니 친구 한번 만나기도 어려웠습니다. 저에게 시간은 곧 돈이었으니까요.

뭔가 이상해진다는 걸 알아차리기 시작했습니다. '어, 이거 뭔가 이상한데? 계속 이렇게 살아야 하는 건가?' 기다렸다는 듯이 내 삶이 나에게 보상을 요구했습니다. 힘들게 일했으니까 비싼 해외여행 가고, 비싼 옷 사고, 비싼 신발도 샀습니다. 어느 날 보니 제가 값비싼 브랜드 패딩을 입은 개 같다는 느낌이 들었습니다. 어떻게 이 목줄을 끊을 수 있을까? 어떻게 이 사이클을 멈출 수 있을까? 그 생각을 수년간 했지만 목줄을 끊기란 쉽지 않았습니다.

주인이 불쌍해서 '그래, 너의 자유를 찾아가라' 하고 목줄을 풀어줘도, 개가 다시 와서 채워달라고 합니다. 제 꼴이 그랬습니다. 정답의 문제가 아니라 선택의 문제였는데, 저는 줄을 끊는 선택을 쉽게 하지 못했습니다. 돈에 환장해서가 아닙니다. 돈보다 스스로 원하는 게 있어야 목줄을 끊고 자유를 찾아 떠날 텐데, 달리 제가 하고 싶은 게 없었던 것이죠. 독하게 마음먹고 일을 줄여 시간을 만들어냈는데, 정작 원하는 것도 없고 할 일도 없었습니다. 그럼 다시 가서 스스로 목줄을 찹니다.

나에게 시간을 주니, 심지어 몸이 아프기까지 했습니다. 빠르게 돌아가던 삶의 사이클을 천천히 돌리니까 몸이 적응하지 못하고 여기저기 아프기 시작했습니다. 한번은 오보에 연주자에게 물어본 적이 있습니다.

"관악기를 하시려면 몸 관리를 잘 하셔야 하죠?"

그분 말씀이, 무대에 서는 사람은 운동을 안 하면 바로 티가 난다고 했습니다. 전 당연히 무대 위에서 티가 날 거라고 생각했습니다. 그런데 그분이 기가 막힌 이야기를 하시더군요.

"몸 관리를 안 하면 일이 끝나고 나서 티가 납니다."

책임 의지가 강한 사람들은 잘 아프지 않습니다. 엄마들도 엄마 역할을 하는 동안은 아플 새가 없어요. 희한하게 여유가 생기면 삭신이 쑤시고 온몸이 아픕니다. 그러곤 "난 놀면 병나" 하고 다시 일거리를 찾아 나갑니다.

숫자가 삶의 주인이 될 때가 있습니다. 돈이라는 숫자가 신이 됩니다. 신은 하늘에 계신 하나님이나 초월적인 존재만 뜻하는 게 아닙니다. 내가 최종적으로 말을 듣는 존재가 신입니다. 그것이 그 사람의 신이에요. 최종적으로 결재를 받는 대상이요. 어느 순간, 돈에게 어떻게 살아야 할지를 묻고 있습니다. 나 자신에게는 묻지 못해요.

저는 몇 년간 끙끙대며 혼자 목줄을 끊으려고 갖은 애를 다 썼습니다. 내 인생도 제대로 못 살면서 남들한테 자꾸 뭘 이래라 저래라 하냐고, 저를 탓하는 환청이 들려왔습니다. 그래서 시도하고 또 시도했습니다. 한번에 안 되더라고요. 사람의 몸이 머릿속 결심을 못 따라갑니다. 몸이 살던 궤도와 속도가 있으니까요. 깨우쳤다고 바로 결과가 나오지 않습니다. 혹시 저와 비슷한 고민을 하고 있다면, 한번에는 되지 않음을 받아들이세요. 시도하고 또 시도해야 합니다.

오디션을 보고 단역으로라도 영화에서 연기를 하는 것도, 제주도에 삶의 터전을 마련한 것도, 강연을 줄인 것도, 모두 제 시도 중 하나였습니다. 최근에는 고두심 선생님의 권유로 연극을 하고 있습니다. 보통 연극은 준비하는 데만 몇 달이 걸립니다. 그 기간 동안 일을 더 줄여야 하는 것도 고려해야 했지만, 완전히 새로운 세계로 들어가는 것에 대한 염려가 컸습니다. 고민하다 '그래, 내게 채워져 있는 이 목줄을 끊자' 하고 연극을 하고 있습니다. 제 나름의 작은 저항입니다. 한번 시도했다고 되지 않고, 또 한번 됐다고 해서 지속되지도 않습니다. 목줄을 끊는 시도는 끊임없이 해야 합니다. 그러지 않으면 다시 어느 순간 가속 페달을 밟고 있는 자신을 발견할지도 모릅니다. 언젠간 제게도 목줄을 완전히 끊고 떠나는 자유가 찾아오겠지요.

에필로그

우리 같이 좋아집시다

'기경起耕하다'라는 말이 있습니다. 묵힌 땅을 일구어 논밭을 만드는 일이지요. 때가 되면 밭을 한 번씩 갈아엎습니다. 우리 마음도 땅과 같습니다. 우리 마음이 최근에 갈아엎어지는 아픔이 있었다면, 누군가, 혹은 어떤 상황이 내 마음을 자꾸 후벼 판다면, 그건 왜 그러는 걸까요? 우리 마음에 씨앗을 뿌리기 위해서입니다. 삶이 우리 마음에 씨앗을 뿌리기 위해 우리의 마음을 갈아엎는 것이지요. 그러니 최근에 내 마음이 무언가 날카로운 걸로, 묵직한 걸로 계속 갈아엎어졌다면, 우리 마음에 좋은 씨앗이 들어올 시기라는 의미입니다.

나이가 들어서 그런지 눈물이 많아집니다. 예전에는 당혹스러울 때도 종종 있었는데, 이제는 눈물을 통해 많은 것들이 밖으로 흘러 사라지는 것 같아 감사하게 받아들입니다. 책을 덮고, 핸드폰도 놓아두고, 산책을 나가시길 권합니다. 5분, 10분 걷다가 스스로에게 말 한마디 건네보세요. 그때 눈물이 나온다면 여러분은 축복받으신 겁니다. 내 안에 쌓여 있던 것들이 흐르고 정화된 것이니까요.

사람은 누구나 소중하다고 생각합니다. 돈이 많든 적든, 공부를 많이 했든 그렇지 못하든, 사회적으로 어떤 대우를 받는 사람이든, 똑같이요. 인간의 일생은 한 번밖에 살 수 없다는 점에서는 모두 똑같으니까요. 그러니 우리 스스로 자신을 깎아내리지 않았으면 좋겠습니다. 성과로, 숫자로 우리 존재를 확인하려 하지 않았으면 좋겠습니다.

살면서 우리가 겪어내는 일들에 대단한 해답 같은 건 없다는 생각을 자주합니다. 그저 제가 솔직하게 말한 이야기가 누군가에게는 거울이 되기도 하고 누군가에게는 빛이 되기도 하는 것 같습니다. 제가 만난 사람들이 저에게 털어놓은 진솔한 이야기가 저에게 거울이 되고 빛이 되는 것처럼 말이지요. 그렇게 서로가 서로에게 거울이 되고 빛이 되어주면서, 같이 좋아질 것입니다.

지금 사랑한다고 말하세요

1판 1쇄 발행 2024년 9월 2일
1판 8쇄 발행 2024년 12월 10일

지은이 김창옥

발행처 (주)수오서재
발행인 황은희 장건태
편집 최민화 마선영 박세연
마케팅 황혜란 안혜인
디자인 권미리

제작 제이오
주소 경기도 파주시 돌곶이길 170-2 (10883)
등록 2018년 10월 4일 (제406-2018-000114호)
전화 031 955 9790
팩스 031 946 9796
전자우편 info@suobooks.com
홈페이지 www.suobooks.com
ISBN 979-11-93238-36-3 (03320) 책값은 뒤표지에 있습니다.